꽃은 흩어지고
그리움은 모이고

이해인 꽃시집

꽃은 흩어지고
그리움은 모이고

이해인

분도출판사

© 2004 Hae-In Lee

AS THE FLOWERS FADE, OUR YEARNINGS GROW

Benedict Press, Waegwan, Korea

꽃은 흩어지고 그리움은 모이고
2004년 7월 초판
2023년 8월 10쇄
ⓒ 지은이 · 이해인
펴낸이 · 박현동
펴낸곳 · 분도출판사
찍은곳 · 분도인쇄소
등록 · 1962년 5월 7일 라15호
04606 서울시 중구 장충단로 188(분도출판사 편집부)
39889 경북 칠곡군 왜관읍 관문로 61(분도인쇄소)
분도출판사 · 전화 02-2266-3605 · 팩스 02-2271-3605
분도인쇄소 · 전화 054-970-2400 · 팩스 054-971-0179
www.bundobook.co.kr
ISBN 978-89-419-0414-4 03810

* 신저작권법에 따라 보호를 받는 저작물이므로 무단 전재와 무단 복제를 금합니다.

삶의 정원에서 저에게 꽃이 되어준 고마운 분들에게
이 책을 바칩니다.

차례

해인의 말 | 어느 날 꽃나무 앞에 서서 … 10
서시 | 꽃의 길 … 12

잊었던 네 이름을 찾아

민들레 (1) … 16
민들레 (2) … 17
민들레의 영토 … 19
채송화꽃밭에서 … 22
개나리 … 24
진달래 … 26
도라지꽃 … 28
봉숭아 … 30
분꽃에게 … 32
나팔꽃 … 34
달맞이꽃 … 36
사르비아의 노래 … 38
맨드라미 … 40
냉이꽃 … 42
파꽃 … 44
호박꽃 … 46
할미꽃 … 48
엉겅퀴의 기도 … 50
메밀꽃밭에서 … 52
과꽃과 함께 … 53
봄까치꽃 … 55

오동꽃 … 57
패랭이꽃 추억 … 59
십자나무꽃 … 61
은방울꽃 … 64
초롱꽃 … 66
치자꽃 … 68
물망초 … 70
제비꽃 연가 … 72
안개꽃 … 74
달개비꽃 … 76
자운영 … 78
천리향 … 80
만리향 … 82

나의 눈물에도 향기가 묻어날까

부겐베리아 … 86
상사화 … 88
복사꽃과 벚꽃이 … 90
백목련 … 92
자목련 아가雅歌 … 94
라일락 … 96
유채꽃 … 97

붓꽃 … 99
수선화 … 101
장미를 생각하며 … 103
장미의 기도 … 105
백합의 말 … 108
튤립 … 110
등꽃 아래서 … 112
아카시아꽃 … 114
백일홍 편지 … 116
석류꽃 … 118
해바라기 연가 … 120
달리아꽃 … 122
모란꽃의 말 … 124
무궁화 … 126
능소화 연가 … 128
찔레꽃 … 130
선인장 … 132
선인장의 고백 … 134
수국을 보며 … 136
한 송이 수련으로 … 138
연꽃의 기도 … 140
들국화 … 142
코스모스 … 144
매화 앞에서 … 146
동백꽃에게 … 149
동백꽃이 질 때 … 151

우리 서로 사랑하면 언제라도 봄

꽃마음으로 오십시오 … 156
꽃마음 별마음 … 158
꽃이름 외우듯이 … 160
꽃의 연가 … 162
눈물꽃 … 164
꽃이야기 하는 동안은 … 166
꽃멀미 … 168
기쁨꽃 … 169
어느 꽃에게 … 171
꽃밭에 서면 … 173
아침 꽃밭에서 … 175
꽃을 받은 날 … 177
꽃집에서 … 180
꽃씨를 닮은 마침표처럼 … 182
풀꽃의 노래 … 184
꽃씨 편지 … 186
꽃뿌리 … 188
잎사귀 명상 … 190
빈 꽃병의 말 (1) … 192
빈 꽃병의 말 (2) … 194

해설 l 하느님과의 합일을 추구하는 꽃의 노래(김혜영) … 196
벗이 벗에게 l 해인이, 내게는 별 같던 아이(유 데레사) … 214
악보 l 꽃의 길(김정식) … 220

□ 해인의 말 □

어느 날 꽃나무 앞에 서서

어느 날 꽃나무 앞에 서서 한 송이의 꽃이 피어날 때까지의 그 과정을 생각하며 "참 먼 길이구나!" 하고 혼잣말을 한 적이 있습니다. 기다림의 먼 길을 돌아와야만 우리의 삶도 조금씩 아름답게 피어날 것입니다.

저는 아주 어려서부터 꽃과 관련된 시들을 모으고 여러 시인이 가려뽑은 꽃시집을 구해 보물처럼 간직하곤 했지요. 첫 시집을 낸 1976년『민들레의 영토』이후 지금까지 쓴 꽃시들이 많이 모이다 보니 살아서 언젠가는 꽃시집을 내고 싶다는 제 어릴 적 꿈이 이루어진 셈입니다. 사랑하는 이에게 한 편 한 편 꽃편지를 쓰듯이 꽃시를 쓰고 꽃시집을 엮는 일은 퍽도 가슴 두근거리는 기쁨입니다.

이미 나와 있는 여러 시집들에 실려 있는 꽃시들, 기도시집『사계절의 기도』초판에 들어 있으나 개정판에서는 분량 관계로 빠진 꽃시들, 그리고 아직 발표하지 않은 꽃시들을 한데 넣어 88편을 만들었습니다.

전에 쓴 것들을 지금 다시 읽어 보면 아쉽고 부족한 점도 많지만 이 시집 안에 피어 있는 여러 꽃시들이 읽는 이들의 마음 안에서 잠시 꽃마음의 사랑과 평화를 전할 수 있다면 저는 더불어 행복하겠습니다.

"왜 내가 좋아하는 꽃은 없지? 왜 이렇게밖엔 못 썼지?" 하는 마음이 들더라도 환히 웃는 꽃마음으로 이 책을 읽는 여러분 자신이 한 송이의 꽃이 되시길 바랍니다.

입회 이후 지난 40년 동안 저를 사랑으로 키워준 수도공동체와 첫 시집이 나온 이후 꾸준히 저의 글을 읽고 격려해 주신 여러 독자들께 감사와 기도의 꽃다발로 이 시집을 바칩니다. 긴 세월 동안 참으로 과분한 사랑을 많이 받은 저의 '러브 레터'로 이 꽃편지를 읽어 주십시오.

태산목을 닮은 박완서 선생님, 제비꽃을 닮은 김혜영 시인, 튤립을 닮은 윤석화 님, 도라지꽃을 닮은 벗 유 데레사 님의 아름다운 해설과 격려의 말에도 고마운 마음을 꽃으로 피웁니다. 아름다운 그림으로 마음을 나누어 주신 화가 하정민 님과 이 책을 기꺼이 출간해 주신 분도출판사에도 깊은 감사를 드립니다.

2004년 여름
꽃이 많은 수녀원에서
이해인 수녀

□ 서시 □

꽃의 길

꽃의 길은
아름답지만
멀다

집에 도착하자마자
즉시 오던 길로
떠나야 하는 꽃

사랑의 어리석음을
이해할 줄 아는 꽃

만남과 이별의 때를
참으로 분명히 아는
꽃의 고요
꽃의 지혜

그의 길은
멀지만

그만큼
아름답다

어느 날 꽃나무 앞에 서서 한 송이의 꽃이 피어날 때까지의 그 과정을 생각하며 "참 먼 길이구나!" 하고 혼잣말을 한 적이 있습니다. 기다림의 먼 길을 돌아와야만 우리의 삶도 조금씩 아름답게 피어날 것입니다.

잊었던 네 이름을 찾아

민들레 (1)

은밀히 감겨간 생각의 실타래를
밖으로 풀어내긴 어쩐지 허전해서
차라리 입을 다문 노란 민들레

앉은뱅이 몸으로는 갈 길이 멀어
하얗게 머리 풀고 솜털 날리면
춤추는 나비들도 길 비켜 가네

꽃씨만 한 행복을 이마에 얹고
바람한테 준 마음 후회 없어라
혼자서 생각하다 혼자서 별을 헤다
땅에서 하늘에서 다시 피는 민들레

민들레는 "앉은뱅이꽃"이라고도 불립니다. 수도원 안에 살면서도 세상을 잊지 않고 기도의 꽃씨를 날리는 수도자의 삶을, 앉아서도 먼 데까지 솜털을 날리는 민들레를 통하여 노래해 보았습니다.

민들레 (2)

밤낮으로 틀림없이
당신만 가리키는
노란 꽃시계

이제는 죽어서
날개를 달았어요

당신 목소리로 가득 찬 세상
어디나 떠다니며 살고 싶어서
당신이 사랑하는 모든 사람
나도 사랑하며 살고 싶어서

바람을 보면
언제나 가슴이 뛰었어요

주신 말씀
하얗게 풀어내며
당신 아닌 모든 것
버리고 싶어

당신과 함께 죽어서
날개를 달았어요

여기서 "바람"이란 하느님을 표현합니다. 사랑 안에서 "모든 이의 모든 것"이 되는 넓고 높고 깊은 사랑을 하기 위해선 자신을 포기하는 "조그만 죽음"이 필요하다고 민들레는 노란 꽃시계가 되어 고백하고 있네요.

민들레의 영토

기도는 나의 음악
가슴 한복판에 꽂아 놓은
사랑은 단 하나의
성스러운 깃발

태초부터 나의 영토는
좁은 길이었다 해도
고독의 진주를 캐며
내가
꽃으로 피어나야 할 땅

애처로이 쳐다보는
인정의 고움도
나는 싫어

바람이 스쳐 가며
노래를 하면
푸른 하늘에게
피리를 불었지

태양에 쫓기어
활활 타다 남은 저녁노을에
저렇게 긴 강이 흐른다

노오란 내 가슴이
하얗게 여위기 전
그이는 오실까

당신의 맑은 눈물
내 땅에 떨어지면
바람에 날려 보낼
기쁨의 꽃씨

흐려 오는
세월의 눈시울에
원색의 아픔을 씹는
내 조용한 숨소리

보고 싶은 얼굴이여

해마다 봄이 되면 아주 좁다란 돌 틈에, 언덕에, 잔디밭에 민들레가 핍니다. 때론 잡초로 여김받기도 하지만 민들레는 정녕 강인한 생명력을 자랑하는 꽃입니다. 먼 데까지 내다보는 사랑, 끝까지 견디어내는 사랑을 나는 민들레에게 배우며 사랑의 좁은 길을 걸어가고 있습니다. 이 시는 광안리 수녀원에서 청원자 시절 낮기도 후에 체조를 하다가 발견한 민들레 한 송이를 보고 쓴 최초의 꽃시입니다.

채송화꽃밭에서

아직 말을 못 배워
더욱 티없는
아기들의 세상
색동의 꿈들이
나를 흔드네

꽃아기들 잘 보려면
나도 작아져야 해
마음을 비우고
아기처럼
더욱 겸손해져야 돼

말을 하기 전에
노래를 먼저 배워 행복한
꽃아기들의 세상

색동의 웃음들이
나를 흔드네

색동저고리 입은 아기들을 보는 것 같은 느낌. 색색의 채송화들이 무리지어 피어 있는 꽃밭에서 나도 어린이가 되는 꿈을 꾸어 봅니다. 말을 배우기 전의 그 티없이 천진하고 순결한 아기의 웃음을 떠올리며 어린 시절을 그리워합니다. 자신의 이름을 "채송화 채, 봉숭아 봉"이라며 즐거워하다 하늘나라로 떠난 아동문학가 정채봉 님의 얼굴도 떠오릅니다. 채송화꽃밭 사이로….

개나리

눈웃음 가득히
봄 햇살 담고
봄 이야기
봄 이야기
너무 하고 싶어
잎새도 달지 않고
달려나온
네 잎의 별꽃
개나리꽃

주체할 수 없는 웃음을
길게도
늘어뜨렸구나

내가 가는 봄맞이 길
앞질러 가며
살아 피는 기쁨을
노래로 엮어 내는
샛노란 눈웃음 꽃

샛노란 개나리 꽃잎 네개마다에 믿음·소망·사랑·행복 — 이름을 붙여 봅니다. 길게 늘어선 개나리 꽃길 사이를 지나며 정겨운 눈인사를 받으니 황홀하고 조금은 부끄러운 마음이 들기도 합니다. 삶이 고달파도 지금은 웃으세요 웃으세요… 개나리는 내게 그렇게 말하는 것 같습니다.

진달래

해마다 부활하는
사랑의 진한 빛깔 진달래여

네 가느다란 꽃술이 바람에 떠는 날
상처 입은 나비의 눈매를 본 적이 있니
견딜 길 없는 그리움의 끝을 너는 보았니

봄마다 앓아눕는
우리들의 지병持病은 사랑

아무것도 보이지 않는다
아무것도 잡히지 않는다

한 점 흰 구름 스쳐 가는 나의 창가에
왜 사랑의 빛은 이토록 선연한가

모질게 먹은 마음도
해 아래 부서지는 꽃가루인데

물이 피 되어 흐르는가
오늘도 다시 피는
눈물의 진한 빛깔 진달래여

봄의 사랑은 진달랫빛으로 옵니다. 섬세한 꽃술이 살랑살랑 바람에 흔들리는 것을 보면 절로 사랑이란 단어가 떠오릅니다. 진달래 진달래 … 하고 이름을 부르는 것만으로도 마음에 환한 꽃물이 드는 것 같지 않으세요?

도라지꽃

엷게 받쳐 입은
보랏빛 고운 적삼

찬 이슬 머금은
수줍은 몸짓

사랑의 순한 눈길
안으로 모아

가만히 떠올린
동그란 미소

눈물 고여 오는
세월일지라도

너처럼 유순히
기도하며 살고 싶다

어느 먼 나라에서

기별도 없이 왔니

내 무덤가에 언젠가 피어
잔잔한 연도를 바쳐 주겠니

청순함, 유순함, 다소곳함 …. 도라지꽃 앞에 서면 왠지 조심스러워집니다. 기도를 해야 할 것 같은 마음으로 고요히 하늘을 우러르게 됩니다. 내가 "도라지꽃"이라고 별칭을 달아준 어느 친구도 가만히 꽃 속에서 웃고 있네요.

봉숭아

한여름 내내
태양을 업고
너만 생각했다

이별도 간절한 기도임을
처음 알았다

어떻게 살아야 할까
어떻게 잊어야 할까

내가 너의 마음 진하게
물들일 수 있다면
네 혼에 불을 놓는
꽃잎일 수 있다면

나는
숨어서도 눈부시게
행복한 거다

내가 잠든 사이 꽃물을 들여주시는 어머니께 손이 간지러워 불평을 하면 "눈이 밝아진다니까 …" 하셨습니다. 봉숭아를 보면 엄마 생각이 납니다. 사랑으로 물이 들면 이별조차 기도가 되는 거라고 봉숭아는 수줍게 웃으며 나에게 고백을 했답니다.

분꽃에게

사랑하는 이를 생각할 때마다
내가 누리는
조그만 천국

그 소박하고도 화려한
기쁨의 빛깔이네
붉고도 노란

아무도
눈여겨보지 않는 땅에서도
태양과 노을을 받아 안고
그토록 고운 촛불
켜 들었구나

섣불리 말해 버릴 수 없는
속 깊은 지병持病
그 끝없는
그리움의 향기이네

다시 꽃피울
까만 씨알 하나
정성껏 익혀 둔 너처럼

나도 이젠
사랑하는 이를 위해
기도의 씨알 하나
깊이 품어야겠구나

매우 흔하면서도 귀한 분꽃. 웬만한 곳에선 쉽게 꽃을 피워내는 소탈함을 나는 좋아합니다. 해마다 분꽃씨를 받고 또 뿌리며 세월이 이만큼 흘렀네요. 사랑이 있는 곳은 다 천국이라고 … 어느 날 분꽃을 바라보다 깨달았습니다.

나팔꽃

햇살에 눈 뜨는 나팔꽃처럼
나의 생애는
당신을 향해 열린
아침입니다

신선한 뜨락에 피워올린
한 송이 소망 끝에
내 안에서 종을 치는
하나의 큰 이름은
언제나 당신입니다

순명보다 원망을 드린
부끄러운 세월 앞에
해를 안고 익은 사랑

때가 되면
추억도 버리고 떠날
나는 한 송이 나팔꽃입니다

아침은 그리 길지 않습니다. 시간이 매우 짧으니 "미루지 말고 사랑하세요. 미루지 말고 용서하세요." 삶의 유한성을 새롭게 일깨우며 나팔꽃은 우리에게 이렇게 말하는 것 같습니다.

달맞이꽃

당신은 아시지요
달님

당신의 밝은 빛
남김없이 내 안에
스며들 수 있도록
이렇게 얇은 옷을 입었습니다

해질녘에야
조심스레 문을 여는
나의 길고 긴 침묵은
그대로 나의 노래인 것을
달님

맑고 온유한
당신의 그 빛을 마시고 싶어
당신의 빛깔로 입었습니다

끝없이 차고 기우는 당신의 모습 따라

졌다가 다시 피는 나의 기다림을
당신은 아시지요
달님

쏴아 쏴아 … 소리 내며 달맞이꽃이 피어나는 모습을 스님과 함께 지켜보던 송광사 불일암의 달밤이 잊혀지지 않습니다. 꽃잎이 얇아 달빛이 잘 스며들듯이 내 마음도 두꺼운 이기심을 버리고 겸손으로 얇은 옷을 입어야겠다고 생각한 아름다운 순간이었지요. 꽃받침대가 꽃을 받쳐 주기 위해 재빨리 내려앉는 그 모습은 눈물겹도록 신비했습니다.

사르비아의 노래

저 푸른 가을 하늘
물 같은 서늘함으로
내 사랑의 열도熱度 높음을
식히고 싶다

아무리 아름다운 상처라지만
끝내는 감당 못할
사랑의 출혈出血
이제는 조금씩
멈추게 하고 싶다

바람아
너는 알겠니?

네 하얀 붕대를 풀어
피투성이의 나를
싸매 다오

불 같은 뜨거움으로

한여름을 태우던

나의 꽃심장이

너무도 아프단다, 바람아

꽃이라도 피를 닮은 붉은 빛깔은 아름답지만 부담이 되던데요. 출혈을 멈추고 싶어 붕대를 찾는 사랑의 부상병들이 떠올라 이 시를 빚었어요. 나에겐 사랑의 상처로 괴로워하는 이들이 많은 편지를 보내옵니다. 바람천사를 부르는 꽃심장의 그들을 어떻게 위로할지 아직 적당한 말을 찾지 못했답니다.

맨드라미

술래잡기하던 어린 시절
장독대 뒤에 숨어
숨죽이고 있던 내게
빙그레 웃어 주던
맨드라미

짙은 향기 날리지 않아도
한번 더 쳐다보게 되는
멋쟁이 꽃아저씨

빨간 비로드 양복 입고
무도회에 가시려나?

이제는 어른이 된
나를 불러 세우고
붉게 타오르는 사랑의 기쁨
온몸으로 들려 주는
사랑의 철학자
맨드라미 아저씨

향기는 없지만 사려 깊고 진지한 철학을 담고 있는 것만 같은 맨드라미꽃. 나의 유년을 든든하게 지켜주던 오빠이며 삼촌 같은 꽃. 지금도 맨드라미를 보면 인생 상담을 하고 싶답니다.

냉이꽃

눈으로 마음으로
부지런히 찾아보면
기쁨은
참 많기도 하답니다
어디서나 마다 않고
기쁨이 될 수 있죠

남의 눈에 띄지 않아도
누가 와서
데려가지 않아도
불행하다고 여긴 적이 없어요

조그맣게 살아 있는 것도
얼마나 큰 축복인데요

태풍 속에도
웃을 수 있는 힘을 키우며
열심히 열심히 살고 있어요

행복하다고 말하는 내게
봄바람이
"그래, 멋지다!"
밝게 밝게 웃어 줍니다

풀밭을 무심히 지나가다 "아 참, 이게 냉이꽃이지?" 하고 다시 가서 바라본 적이 많습니다. 봄이 되면 여기저기 널려 있는 냉이꽃들이 "흔해서 잊기 쉬운 일상의 기쁨"에 대하여 하는 말을 듣던 날, 나는 정말 행복했습니다.

파꽃

뿌리에서 피워올린
소망의 씨앗들을
엷은 베일로 가리고 피었네

한 자루의 초처럼 똑바로 서서
질긴 어둠을
고독으로 밝히는 꽃

향기조차 감추고
수수하게 살고 싶어

줄기마다 얼비치는
초록의 봉헌기도

매운 눈물을
안으로만 싸매 두고
스스로 깨어 사는
조용한 꽃

뒷산으로 가는 밭에서 자주 마주치던 파꽃. 파밭에서 일하며 바다를 바라보면 기뻤습니다. 예리한 지혜로 깨어 있고 고독으로 불을 켜는 봉헌의 삶이 어떤 것인지 베일을 쓴 파꽃들은 … 늘 할 말이 많았습니다.

호박꽃

아이를 많이 낳아 키워서
더욱 넉넉하고
따뜻한 마음을 지닌
엄마 같은 꽃

까다롭지 않아 친구가 많은 게야
웬만한 근심 걱정은
다 묻어 버린 게야
호들갑을 떨지 않고서도
기쁨을 노래할 줄 아는 꽃

사랑의 꿀 가득 담고
어디든지 뻗어 가는
노오란 평화여
순하디순한 용서의 눈빛이여

평범하고 조용하게 살기도 어려운 세상에서 살아갈수록 평화가 중요합니다. 언제 어디서든지 남을 편하게 해 주는 사람들이 존경스럽습니다. 까탈스럽지 않고 수수하고 소박하게 어울리는 적응성. 호박꽃의 모습에서 내가 닮고 싶은 넉넉함과 평화를 배웠습니다.

할미꽃

손자 손녀
너무 많이 사랑하다
허리가 많이 굽은
우리 할머니

할머니 무덤가에
봄마다
한 송이 할미꽃 피어
온종일 연도를
바치고 있네

하늘 한번 보지 않고
자줏빛 옷고름으로
눈물 닦으며

지울 수 없는 슬픔을
땅 깊이 묻으며

생전의 우리 할머니처럼

오래오래
혼자서 기도하고 싶어
혼자서 피었다
혼자서 사라지네

너무 많이 사랑해서
너무 많이 외로운
한숨 같은 할미꽃

사랑도 적당히 해야지 너무 많이 사랑하면 외롭지요? 무덤에 핀 할미꽃은 참 쓸쓸한 기도입니다. 사랑은 할미꽃처럼 혼자서도 원망 없이 이해하고 받아들이는 겸손이라고 … 말은 그렇게 하지만 그렇게 살아가긴 어렵네요. 허리가 휘도록 수고하고 또 노력하면 아주 조금은 겸손해질지?

엉겅퀴의 기도

제가 필요한 곳이면
어디든지 가겠습니다
누구에게든지 가서
벗이 되겠습니다

참을성 있는 기다림과
절제 있는 다스림으로
가시 속에서도 꽃을 피워낸
큰 기쁨을 님께 드리겠습니다

불길을 지난 사랑 속에서만
물 같은 삶의 노래를 부를 수 있음을
내게 처음으로 가르쳐 준 당신

모든 걸 당신께 맡기면서도
때로는 불안했고
저 자신의 무게를 감당하기
어려울 때도 많았습니다

일상의 잔잔한 평화와
고운 질서를 거부하고 달아나고 싶던
저의 보랏빛 반란이
너무도 길었음을 용서하십시오

이젠 더 이상
진실을 거부하지 않겠습니다
허영심을 버리고
그대로의 제가 되겠습니다

당신이 원하시는 곳으로
저를 불러 주십시오
참회의 눈물을 흘린 후의
가장 겸허한 모습으로
모든 이를 사랑하게 하십시오

누구에게나 친구가 되며 모든 이를 차별없이 골고루 사랑하겠다는 쉽지 않은 다짐을 하며 수도서원 25주년 기념으로 이런 노래를 만들었습니다. 지금 읽어도 새로운, 한 수녀의 작은 참회록이지요.

메밀꽃밭에서

"우린 늘 함께 있어야 해"
"그래, 우린 늘 함께 있어야 해"

바람이 불 때마다
나직이 속삭이는
하얀 꽃무리

하늘이
구름을 떼어
푸른 들판에
점점이 쏟아 놓은
하얀 웃음 물결

늘 함께 있어야 아름답게 살아나는 메밀꽃. 늘상 같이 지내다 보면 말은 필요없고 이심전심으로 통하는 가족처럼 함께 피고 함께 지는 꽃들의 의리, 꽃들의 결속이여.

과꽃과 함께

"얘, 조금만 더
놀다 가면 안 되니?"

나를 붙들던 소꿉친구의
분홍빛 치맛자락이
조용히 펄럭이네

괜스레 우울할 때면
다시 듣고 싶은
그 웃음소리

늘 꾸밈없고
수수한 얼굴로
변함이 없어
새로운 친구

과꽃의 손을 잡고
가을을 시작하네

과꽃을 닮아
다정해지고 싶네

꾸밈없이 솔직하고 편안한 어느 친구의 모습을 닮은 과꽃. 숨차게 바쁘고 고단한 삶의 길을 달려가다 보면 "조금 더 놀다 가라"고 붙들던 친구의 음성이 여러분도 가끔은 그립지 않으신가요?

봄까치꽃

까치가 놀러 나온
잔디밭 옆에서

가만히 나를 부르는
봄까치꽃

하도 작아서
눈에 먼저 띄는 꽃

어디 숨어 있었니?
언제 피었니?

반가워서 큰 소리로
내가 말을 건네면

어떻게 대답할까
부끄러워
하늘색 얼굴이
더 얇아지는 꽃

잊었던 네 이름을 찾아
내가 기뻤던 봄

노래처럼 다시 불러보는
너, 봄까치꽃

잊혀져도 변함없이
제자리를 지키며
나도 너처럼
그렇게 살면 좋겠네

보일 듯 말 듯 늘 작게 작게 피어나는 봄까치꽃. 그러나 자세히 들여다보면 갖출 것은 다 갖추고 나를 놀라게 하는 꽃. 볼수록 어여쁘고 사랑스러워 봄이 오면 내가 까치처럼 걸어가 제일 먼저 출석을 불러보는 봄까치꽃.

오동꽃

비 오는 날
오동꽃이 보랏빛 우산을 쓰고
나에게 말했습니다

넓어져라
높아져라

더 넓게
더 높게 살려면
향기가 없어도 괜찮다

나는 얼른
꽃 한 송이 되어
올라갔습니다

처음으로 올라가 본
오동나무의 집은
하도 편안해

내려오고 싶지 않았습니다

당신도 오실래요?

내가 그토록 좋아했던 오동나무가 태풍에 쓰러져 볼 수 없게 되니 어찌나 서운하고 눈물이 나던지요! 그늘을 드리워주던 그 넓은 잎사귀, 높이 달려 은은한 향기를 뿜어내던 우아한 자태의 꽃 …. 사라진 오동나무의 옛모습을 그리며 이 시를 썼습니다.

패랭이꽃 추억

희랍 대리석처럼
희고 깨끗한 얼굴을 가졌던
세레나 언니에게서
열다섯 살의 생일에
처음으로 받았던
한 다발의 패랭이꽃

연분홍, 진분홍, 하양
꽃무늬만큼이나
황홀한 꿈을 꾸었던 소녀 시절

누군가에게
늘 꽃을 건네는 마음으로 살고 싶었다
아니 한 송이의 진짜 꽃이 되고 싶어
수녀원에 왔다

더 많이 사랑하고 싶은 욕심에
가슴이 뛰었다

바람 부는 날
수녀원 뜰에
지천으로 핀 패랭이꽃을
보고 또 보며
지상에서의 내 고운 날들이
흘러간다

어느 해 6월, 여러 빛깔의 패랭이꽃을 엮어 내게 선물로 주었던, 나와 다른 여학교 선배 언니를 수십 년 만에 하와이에서 만나 눈물 글썽이며 반가워했습니다. "얘, 그렇게 얌전하고 꽁하던 애가 어쩌면 이렇게 명랑해졌니?" 하던 세레나 임정빈 언니. 패랭이꽃은 나에게 가장 아름다운 소녀의 꽃, 추억의 꽃으로 살아 있습니다.

십자나무꽃

괴로운 당신을
위로할 방법을 찾지 못해
그저 울기만 하였습니다

아무 대책이 없더라도
조금이나마
당신을 돕고 싶었습니다

이젠 좀 쉬시라고
제가 대신 아파드리겠다고
고백하고 싶었습니다

그 말 하기도 전에
당신은 말씀하셨지요?

"참으로 고맙다
네 마음 오래 기억할게!
다신 나 때문에
피흘리진 않게 해 줄게"

오오, 주님
송구합니다
감사합니다

더 아름답게 살아
당신을 닮은
기도의 꽃을 피워
사람들에게
눈물이 되겠습니다
기쁨이 되겠습니다

실제로 이 꽃의 이름은 "도그우드"Dogwood라고 불리지만 우리는 애칭으로 십자나무꽃 혹은 십자가꽃이라 부르곤 하지요. 이 꽃은 산딸나무꽃으로도 부릅니다. 미국에 사는 어느 친지가 보내 준 그림엽서에서 읽은 전설에 의하면: 이 꽃나무는 예수님이 십자가에 못박힐 때 여러 나무 중에 자신이 선택된 것이 하도 마음 아파 그분의 고통을 덜어드리고 싶어했습니다. 이에 감동하신 예수님이 "이후론 너의 꽃잎이 십자가 모양을 하되 가운데는 가시관 형상을 하고 꽃잎 끝은 나의 못자국을 상징하는 상처를 지니고 피게 될 것이다"라고 했답니다. 하얀색과 자주색 꽃 모두가 신기하게도 그렇게 피어 있어서 그리스도의 수난을 묵상하는 사순절에는 이 꽃을 더 많이 생각하지만 늘 부활절이 지나야만 많은 꽃을 피워낸답니다. 꽃들마다 아름다운 전설이 있지만 이 전설은 가장 오래 내 마음을 울린 전설이에요.

은방울꽃

삶이란
종소리를 듣는
기쁨인가요?

오늘도
살아 있다고
종을 치세요

작게 낮게
그러나 당당하게!

가슴에 쌓인 노래들이
마침내 터져나와
조롱조롱 달려 있는
하얀 기쁨들

원하시면 드릴게요
종소리와 함께

영란화라고도 부르고 서양에서는 "성모님의 눈물"이란 별칭도 갖고 있는 이 꽃을 보면 아기자기한 기쁨들이 마음에 피어나는 느낌이 들어요. 조그만 종의 모양을 한 것 같기도 한 작은 꽃 고운 꽃.

초롱꽃

내 마음은
늘
차고 푸른 호수입니다

그러나 당신이 오시면
뜨겁게 움직이는
화산입니다

당신이 사랑으로
내 이름을 불러주시면

조금 더 총명해지고
조금 더 겸손해지고
조금 더 믿음이 깊어지는
한 송이 꽃입니다

당신의 발걸음을 들으면
고요한 마음에 파문이 이는

가만 있을 수가 없어
맨발로 뛰어나가는

참 어쩔 수 없는
초롱초롱
초롱꽃입니다.

초롱꽃은 여러 종류가 있지만 나는 보랏빛 금강초롱꽃을 좋아합니다. 이 시는 다소곳이 고개 숙인 꽃의 모양과 같이 아주 부드럽게만 묘사하려고 했는데 쓰다 보니 정열적인 연가가 되었네요. 사랑에 빠진 사람들이 러브 레터를 쓸 적에 인용하면 어울릴 것 같고 수도서원을 앞둔 이들이 신을 향한 찬가로 나직이 읊어도 좋을 것 같은 그런 시라고 생각해 봅니다만….

치자꽃

눈에 익은
어머니의
옥양목 겹저고리

젊어서 혼자 된
어머니의 멍울진 한(恨)을
하얗게 풀어서
향기로 날리는가

"애야, 너의 삶도
이처럼 향기로우렴"

어느 날
어머니가
편지 속에 넣어 보낸
젖빛 꽃잎 위에
추억의 유년(幼年)이
흰 나비로 접히네

멀리 떨어져 사는 어린 딸에게 내 어머니는 치자꽃잎을 넣어 편지를 자주 쓰셨습니다. 소중히 간직하던 그 치자꽃잎이 지금은 다 어디로 갔을까요? 짙은 향내 속에 어머니의 무명저고리와 함께 추억으로 살아오는 치자꽃. 어머니의 꽃. 우리 수녀원에는 치자나무가 많아 여름 내내 즐겁습니다.

물망초

오직
나를 위해서만 살아달라고
나를 잊어선 안 된다고
차마 소리 내어
부탁하질 못하겠어요

죽는 날까지
당신을 잊지 않겠다고
내가 먼저 약속하는 일이
더 행복해요

당신을 기억하는
생의 모든 순간이
모두가 다
꽃으로 필 거예요
물이 되어 흐를 거예요

당신을 사랑합니다

"잊지 말아달라"는 말보다 "잊지 않겠다"는 약속이 더 행복하다고 고백할 수 있을 때까지 참으로 많은 세월이 흘렀습니다. 물망초의 사랑은 담백하면서도 애틋한 물빛을 띠고 있습니다.

제비꽃 연가

나를 받아 주십시오

헤프지 않은 나의 웃음
아껴 둔 나의 향기
모두 당신의 것입니다

당신이 가까이 오셔야
나는 겨우 고개를 들어 웃을 수 있고
감추어진 향기도 향기인 것을 압니다

당신이 가까이 오셔야
내 작은 가슴 속엔
하늘이 출렁일 수 있고
내가 앉은 이 세상은
아름다운 집이 됩니다

담담한 세월을 뜨겁게 안고 사는 나는
가장 작은 꽃이지만
가장 큰 기쁨을 키워 드리는

사랑꽃이 되겠습니다

당신의 삶을 온통 봄빛으로 채우기 위해
어둠 밑으로 뿌리내린 나
비 오는 날에도 노래를 멈추지 않는
작은 시인이 되겠습니다

나를 받아 주십시오

사랑은 순결한 봉헌입니다. 아주 작은 제비꽃의 고백처럼 사랑하는 이의 눈길과 손길이 닿으면 금방 하늘이 되고 바다가 되는 겸손한 순명이며 스스로를 낮추고도 비굴해하지 않고 오히려 영광으로 여기는 아름다운 '자기비하' 입니다. 누구보다 제비꽃을 사랑하며 평범한 삶을 가장 큰 사랑으로 승화시킨 리지외의 성녀 소화 데레사의 꽃이기도 하지요.

안개꽃

혼자서는
웃는 것도 부끄러운
한 점 안개꽃

한데 어우러져야
비로소 빛이 되고
소리가 되는가

장미나 카네이션을
조용히 받쳐 주는
기쁨의 별무더기

남을 위하여
자신의 목마름은
숨길 줄도 아는
하얀 겸손이여

분홍 안개꽃도 곱지만 하얀 안개꽃을 보면 잔잔한 기쁨이 밀려옵니다. 안개꽃만 엮은 꽃다발을 받아본 적이 있으신지요? 점점이 떠 있는 앙징스런 안개꽃을 보면 마음이 착해져요. 화려한 꽃들의 들러리로 곧잘 쓰이는 안개꽃처럼 우리도 조금 더 겸손할 수 있다면 일상의 삶에도 평화가 피어날 것입니다.

달개비꽃

반딧불처럼 너무 빨리 지나가
잡을 수 없던 나의 시어들이
지금은 이슬을 달고
수도 없이 피어 있네

남빛 꽃잎의 물감을 풀어
그림을 그리라고?

잘라내도 마디마디
다시 돋는 잎새를 꺾어
시를 쓰라고?

풀숲에 들어앉아
잡초로 불려도 거리낌이 없는
그토록 고운 당당함이여

오래 헤어져 있다가
다시 만나 반가운
소꿉동무의 웃음으로

물결치는 꽃

하늘 담긴 동심의 목소리로
시드는 듯 다시 피는 희망으로
내게도 문득
남빛 끝동을 달아 주는
어여쁜 달개비꽃

"닭의장풀"로도 불리는 달개비꽃을 보면 소꿉놀이 함께 하던 어린 시절 동무들이 생각납니다. 동심으로 돌아가 동요도 부르고 색종이인형도 만들며 깔깔대고 싶은 그리움이 남빛 추억으로 물결쳐 옵니다.

자운영

부르면 금방
꽃구름으로 피어오르는
나의 이름을
오늘도 가만히 불러주세요

어린 동무들과 함께
바람에 흔들리는 기쁨이
나는 참 좋아요

내 뜻을 고집하지 않고
함께 사는 것이
나의 기도랍니다

사랑이 있으면
좁은 땅도 넓어진다고
저 푸른 하늘이
내게 이야기한답니다

"고마워요, 고마워요"

"모든 게 은총이에요"
누가 시키지 않아도
내 입에선 자꾸만
이런 말이 흘러나와요

참을 수 없는 노래가
꽃으로 꽃으로
들판 가득히 피어오르는
이 동그란 그리움을
자운영이라 불러주세요

들판 가득 물결치는 자운영을 보면 가슴에도 봄하늘 봄바다가 출렁입니다. 땅에 피어난 꽃구름 같은 자운영을 보며 사람들이 어디서나 사이좋게 함께 어울려 사는 것이야말로 무엇보다 참된 기도임을 다시 생각합니다. 꽃이름이 곱다며 자운영을 자신의 이름으로 만든 지인들의 모습도 떠올리며 자운영 … 하고 불러봅니다.

천리향

어떤 소리보다
아름다운 언어는
향기

멀리 계십시오
오히려
천리 밖에 계셔도
가까운 당신

당신으로 말미암아
내가
꽃이 되는 봄
마음은
천리안千里眼

바람 편에 띄웁니다
깊숙이 간직했던
말 없는 말을
향기로 대신하여 —

수녀원에 와서 처음 만난 천리향꽃. 해마다 봄이 오면 향기 먼저 날아와 나를 불러 세우곤 했습니다. 많은 말이 필요없는 사랑의 기도, 마음으로 전하는 우정의 향기 — 거리가 멀어도 가능한 거지요?

만리향

그
달콤한 향기는
오랜 세월 가꾸어 온
우정의 향기를
닮았어요

만리를 뛰어 넘어
마음 먼저 달려오는
친구의 목소리가

바람을 타고
꽃가루로 흩어져요

고요하게
다정하게

어려서 친구와 같이 먹던
별꽃 별과자 모양으로
자꾸만 흩어져요

꽃은 흩어지고
그리움은 모이고
우정은 영원하기를 …

천리향처럼 톡 쏘진 않지만 무척 은은한 향기를 풍기는 만리향의 향기는 오래 맡아도 질리지 않아 좋습니다. 사철나무 사이에서 늘상 향기로 먼저 나를 초대하곤 하던 만리향꽃. 오랜 세월 우정을 가꾼 지인들의 모습을 기억하며 이 시를 썼습니다.

나의 눈물에도 향기가 묻어날까

부겐베리아

분홍, 하양, 빨강
색종이들이
나무마다 나부끼네요

해 아래
밝게 웃으면
오래오래 행복하다고

날마다 가슴속에
빛을 많이 넣어 두라고

나뭇잎을 흔들며
행복을 물들이는
부겐베리아

꽃잎을 몇 개 따서
행복인형 만드니
나도 금방
행복해지네요

꼭 종이같이 생겨 쉽게 시들지도 않는 이 꽃은 다른 꽃들에 비하면 이국적으로 느껴집니다. 사소한 일로 우울해하는 이들에겐 부겐베리아 꽃잎으로 만든 꽃카드를 보내주고 싶답니다.

상사화

아직 한 번도
당신을
직접 뵙진 못했군요

기다림이 얼마나
가슴 아픈 일인가를
기다려 보지 못한 이들은
잘 모릅니다

좋아하면서도
만나지 못하고
서로 어긋나는 안타까움을
어긋나 보지 않은 이들은
잘 모릅니다

날마다 그리움으로 길어진 꽃술
내 분홍빛 애틋한 사랑은
언제까지 홀로여야 할까요?

침묵 속에서
나는 당신께 말하는 법을 배웠고
어둠 속에서
위로 없이도 신뢰하는 법을
익혀 왔습니다

죽어서라도 꼭
당신을 만나야지요
사랑은 죽음보다 강함을
오늘은 어제보다
더욱 믿으니까요

아가雅歌서의 표현처럼 "많은 물로도 끌 수 없고" "죽음보다 강한 사랑"의 힘을 때로는 어긋나서 힘든 사랑의 괴로움을 상사화라는 꽃의 이미지로 부분적이나마 표현해 보고 싶었습니다. 달콤한 위로 없이도 신뢰를 잃지 않는 참사랑의 위대함과 봉헌의 의미를 —

복사꽃과 벚꽃이

복사꽃은
소프라노
벚꽃은
메조 소프라노

두 나무가
나란히
노래를 부르다가

바람 불면
일제히 꽃잎을 날리며
춤을 춥니다

나비와 새들이
가던 길을 멈추고
구경꾼이 됩니다
하하 호호 웃으며
손뼉칩니다

복숭아나무와 벚나무가 나란히 서 있는 봄의 정원에 앉아 이 동시를 지었어요. 꽃잎들의 춤과 합창으로 행복한 순간, 흰 나비와 새들도 날아와 우리는 금방 아름다운 관객이 되어 꽃들의 이중창을 감상했지요. 잠시 꽃 속에 파묻혀 있는 이 시간이 숨차게 바쁜 세상 사람들에겐 왠지 사치로 여겨질까 … 조금은 미안한 마음을 안으로 감추면서 ….

백목련

꼭 닫혀 있던 문이기에
더욱 천천히
조심스레 열리네

침묵 속에 키워둔 말
처음으로 꽃피우며
하늘 보는 기쁨이여

누구라도 사랑하고
누구라도 용서하는
어진 눈빛의 여인

미운 껍질을 깨듯
부질없는 욕심을 밀어내고
눈부신 아름다움도
겸허히 다스리며
서 있는 모습 그대로
한 송이 시가 되는 백목련

예수 아기 안은 성모처럼
가슴을 활짝 열고
하늘을 담네
모든 이를 오라 하네

한 그루의 목련나무가 성모님의 모습으로 느껴지던 순간이 있습니다. 인간의 죄를 닮은 듯한 딱딱하고 거친 껍질을 밀어내고 아주 천천히 얼굴을 내미는 그 부드러운 꽃잎들을 보고 "아아!" 탄성을 질렀지요. 그토록 우아하고 아름다운 눈빛에 나는 그만 주눅이 들어 어쩔 줄을 몰랐답니다.

자목련 아가雅歌

사랑에 빠지고 나니
자꾸자꾸
웃음이 나오네요

시키지 않아도
등불을 켜게 되네요

하늘은 나의 것
땅도 나의 것

기쁨은 나의 것
슬픔도 나의 것

당신을 알고부터
나의 것 아닌 것은
하나도 없네요

많은 것 갖지 않고도
언제나 부자입니다

어느 날의 상처도
꽃으로 치유하는
자색의 등불
꺼질 줄을 모르네요

근래에 부쩍 자목련을 좋아하게 되었습니다. 하얀 목련이 질 때쯤 피어나는 이 꽃나무를 보면 고운 등불을 밝힌 것처럼 보입니다. 온몸으로 사랑을 노래하는 아가雅歌의 신부 같은 생각이 듭니다.

라일락

바람 불면
보고 싶은
그리운 얼굴

빗장 걸었던 꽃문 열고
밀어내는 향기가
보랏빛, 흰빛
나비들로 흩어지네

기쁨에 취해
어지러운 나의 봄이
라일락 속에 숨어 웃다
무늬 고운 시로 날아다니네

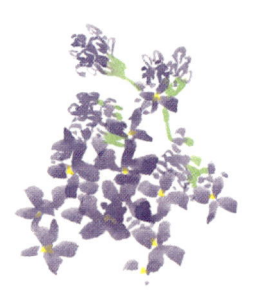

봄에는 몇 차례씩 꽃멀미를 앓습니다. 보랏빛, 흰빛 라일락 꽃잎들이 나비처럼 바람에 흩어지는 모습은 그대로 사랑의 시가 됩니다. 향기에 취해 잠시 일손을 멈추고 눈을 감으면 나의 삶도 멀지만 아름다운 꽃길입니다.

유채꽃

산 가까이
바다 가까이

어디라도 좋아요
착하게 필 거예요

같은 옷만 입어도
지루할 틈 없어요

노랗게 익다 못해
나의 꿈은 가만히
기름이 되죠

하늘과 친해지니
사람 더욱 어여쁘고

바람과 친해지니
삶이 더욱 기쁘네요

수수한 행복 찾고 싶으면
유채꽃밭으로 오세요

유채꽃이 만발한 들판을 직접 본 지는 얼마 안 되었어요. 같은 빛깔의 수수한 화려함, 공동체에 잘 적응하며 사는 즐거움을 표현하고 싶었습니다.

붓꽃

차갑게
절제할 줄도 알고
뜨겁게
휘일 줄도 압니다

삶의 지혜를
지식 아닌
사랑에서 배우려고

오늘도 이렇게
두 손 모으며
서 있습니다

파도빛 가슴으로
서늘하게 깨어 있는
기도입니다

종류도 여럿인 붓꽃(아이리스)을 보면 늘 단아하고 조심스럽게 긴장하며 사는 구도자의 모습이 떠오릅니다. 늘 푸르고 고요한 평상심을 잘 지탱하고 사는 수행자의 모습이 ….

수선화

초록빛 스커트에
노오란 블라우스가 어울리는
조용한 목소리의
언니 같은 꽃

해가 뜨면
가슴에 종鐘을 달고
두 손 모으네

향기도 웃음도
헤프지 않아
다가서기 어려워도
맑은 눈빛으로
나를 부르는 꽃

헤어지고 돌아서도
어느새
샘물 같은 그리움으로
나를 적시네

사랑은 가슴에 종을 달고 사는 것이랍니다. 사랑하는 이가 부르면 언제라도 음악으로 대답하지요. 사랑의 그리움은 언제나 꽃이 됩니다. 저에겐 평생을 기도하며 숨어 사는 우아하고 기품있는 모습의 큰언니가 생각나는 꽃이에요.

장미를 생각하며

우울한 날은
장미 한 송이 보고 싶네
장미 앞에서
소리 내어 울면
나의 눈물에도 향기가 묻어날까

감당 못할 사랑의 기쁨으로
내내 앓고 있을 때
나의 눈을 환히 밝혀주던 장미를
잊지 못하네

내가 물 주고 가꾼 시간들이
겹겹의 무늬로 익어 있는 꽃잎들 사이로
길이 열리네

가시에 찔려 더욱 향기로웠던
나의 삶이
암호처럼 찍혀 있는
아름다운 장미 한 송이

"살아야 해, 살아야 해"
오늘도 내 마음에
불을 붙이네

우울한 날 장미 한 송이를 선물받고 마음이 맑고 밝아지던 기억을 떠올리며 쓴 시. 때로는 꽃 한 송이를 통해서도 삶의 길이 열리고 기쁨을 충전할 수 있음을 자주 체험합니다.

장미의 기도

피게 하소서
주님

당신이 주신 땅에
가시덤불 헤치며
피흘리는 당신을
닮게 하소서

태양과 바람
흙과 빗줄기에
고마움 새롭히며
피어나게 하소서

내 뾰족한 가시들이 남에게
큰 아픔 되지 않게 하시며
나를 위한 고뇌 속에
성숙하는 기쁨을
알게 하소서

주님
당신 한 분
믿고
사랑하게 하소서

오직 당신만을 위해
마음 가다듬는
슬기를
깨우치게 하소서

진정
살아 있는 동안은
피흘리게 하소서
죽어서 다시 피는
목숨이게 하소서

나는 민들레를 사랑하지만 장미도 좋아합니다. 이 시를 긴 세월 자신의 기도로 애송한다던 한 사형수가 떠오릅니다. 그는 더 이상 이 세상 사람이 아니기에 종종 그를 대신하여 이 시를 읽어 봅니다. 고마움 새롭히며 피어나게 해달라는 장미의 기도는 바로 우리 모두의 기도가 아닐까요?

백합의 말

지금은
긴 말을
하고 싶지 않아요

당신을 만나
되살아난
목숨의 향기

캄캄한 가슴속엔
당신이 떨어뜨린
별 하나가 숨어 살아요

당신의 부재不在조차
절망이 될 수 없는
나의 믿음을

승리의 향기로
피워올리면

흰 옷 입은
천사의 나팔 소리

나는 오늘도
부활하는 꽃이에요

백합은 부활 축제에 잘 어울리는 꽃입니다. 흰 옷 입은 천사가 나팔을 부는 것 같은 모양의 백합이 제 소임을 마치고 빈집을 만들고 나면 오래오래 기념으로 곁에 두곤 합니다. 여러분도 날마다 새롭게 희망으로 나팔을 부는 천사 백합이 되실래요?

튤립

가까이 다가서면
피아노 소리가
들릴 것만 같은
튤립

무엇을
숨겨 둔 것일까?

항상
다는 펼치지 않고
조심스레 입 다문 모습이
더욱 황홀하여라

슬픔 중에도
네 앞에선
울 수 없구나

어둠과 우울함은
빨리 떨쳐 버리라며

가장 환한
웃음의 불을 켜서
내게 당겨 주는 꽃

활짝 핀 튤립을 보면 울던 사람들도 문득 울음을 멈출 것 같아요. "밝게, 환하게, 명랑하게!" 웃음을 충전시켜 줄 것 같은 색색의 튤립꽃밭으로 가 보세요. 우울한 날엔 —

등꽃 아래서

차마
하늘을 바라볼 수 없는 것일까
수줍게 늘어뜨린
연보랏빛 꽃타래

혼자서 등꽃 아래 서면
누군가를 위해
꽃등을 밝히고 싶은 마음

나도 이젠
더 아래로
내려가야 하리

세월과 함께
뚝뚝 떨어지는 추억의 꽃잎을 모아
또 하나의 꽃을 피우는 마음으로
노래를 불러야 하리

때가 되면 아낌없이

보랏빛으로 보랏빛으로
무너져 내리는 등꽃의 겸허함을
배워야 하리

눈부신 5월. 등나무 아래 앉아 보랏빛 꽃타래에 취해 본 적이 있으세요? 사랑은 꽃등을 밝히는 기쁨이고, 넘치도록 정겨운 배려이며, 누가 시키지 않아도 자신을 낮추는 겸손임을 등나무 아래서 묵상했습니다.

아카시아꽃

향기로 숲을 덮으며
흰 노래를 날리는
아카시아꽃

가시 돋친 가슴으로
몸살을 하면서도

꽃잎과 잎새는
그토록
부드럽게 피워냈구나

내가 철이 없어
너무 많이 엎질러 놓은
젊은 날의 그리움이

일제히 숲으로 들어가
꽃이 된 것만 같은
아카시아꽃

어릴 적엔 아카시아꽃과 잎을 따서 동무들과 가위바위보 놀이를 하곤 했습니다. 떨어진 꽃잎을 주워다 말려서 그 향기를 두고두고 음미하기도 했습니다. 한번은 아카시아꽃으로 만든 튀김을 먹는데 꽃에게 미안해서 혼났어요. 잎사귀도 아주 어여쁜 아카시아꽃. 5월이면 나는 아카시아와 비슷한 빛깔의 수도복을 입을 수 있어 행복합니다.

백일홍 편지

모든 것은 다 지나간다
모든 만남은 생각보다 짧다
영원히 살 것처럼
욕심 부릴 이유는 하나도 없다

지금부터
백 일만 산다고 생각하면
삶이 조금은
지혜로워지지 않을까?

처음 보아도
낯설지 않은 고향친구처럼
편하게 다가오는 백일홍

날마다 무지갯빛 편지를
족두리에 얹어
나에게 배달하네

살아 있는 동안은

많이 웃고
행복해지라는 말도
늘 잊지 않으면서 —

해마다 여름 꽃밭에서 생각보다는 오래 피어 있는 백일홍을 바라보며 그 평범한 아름다움에 반했습니다. 모·든·것·은·다·지·나·간·다 …. 이 말은 내가 삶의 길에서 어려움을 겪을 적마다 스스로에게 새롭게 일러 주곤 하던 말이고 실제로 많은 도움을 받았습니다. 삶의 유한성을 새롭게 의식하는 것은 우리가 매일 해야 할 아름다운 의무가 아닌가요?

석류꽃

지울 수 없는
사랑의 화인火印
가슴에 찍혀

오늘도
달아오른
붉은 석류꽃

황홀하여라
끌 수 없는
사랑

초록의 잎새마다
불을 붙이며
꽃으로 타고 있네

석류꽃과 열매가 나란히 달려 있는 우리 글방 앞의 석류나무를 몇 년간 관찰하다 이 시를 빚었어요. 사랑은 황홀한 고통이며 끝 수 없는 불임을 날마다 후렴처럼 내게 고백하던 키 작은 석류나무는 지금도 나의 좋은 친구입니다.

해바라기 연가

내 생애가 한 번뿐이듯
나의 사랑도
하나입니다

나의 임금이여
폭포처럼 쏟아져 오는 그리움에
목메어
죽을 것만 같은 열병을 앓습니다

당신 아닌 누구도
치유할 수 없는
내 불치의 병은
사랑

이 가슴 안에서
올올이 뽑은 고운 실로
당신의 비단 옷을 짜겠습니다

빛나는 얼굴 눈부시어

고개 숙이면
속으로 타서 익는 까만 꽃씨
당신께 바치는 나의 언어들

이미 하나인 우리가
더욱 하나가 될 날을
확인하고 싶습니다

나의 임금이여
드릴 것은 상처뿐이어도
어둠에 숨지지 않고
섬겨 살기 원이옵니다

내가 종신서원을 앞두고 해바라기꽃의 입을 통해 고백한 기도 연가입니다. 30년 가까이 독자들의 사랑을 가장 많이 받은 꽃시이기도 해요. 사랑은 언제나 변함없이 안타깝고 애틋한 마음, 기다림과 그리움을 꽃씨로 익히는 "해바라기 마음"입니다.

달리아꽃

웬 생각이
그리도 많담?

웬 기도가
그리도 오래 걸린담?

달리아는
높이높이
잎을 포개며
가슴마다
하늘을 담네

책을 너무 많이 읽어
잠시 웃음을 잃어버린
성자와 같이

오늘도 경건하고
진지한 모습으로
한여름을 견디네

어린 시절 서울 청파동 집 꽃밭에서 달리아꽃을 손질하던 아버지의 모습은 항상 잊혀지지 않는 그리움으로 남아 있습니다. 육이오 전쟁으로 행방불명되신 아버지는 어찌 되신 걸까? 항상 달리아꽃을 볼 적마다 "아버지! …" 하고 아무도 몰래 눈물을 삼키곤 했답니다.

모란꽃의 말

좁은 땅에 있어도
이왕이면
큰마음으로 살고 싶답니다

강물을 데려오고
바다를 불러다가
철철 넘치는 깊이와 넓이로

그렇게 한세상을
살고 싶은 나의 염원이
커다란 꽃잎으로 피어난 거예요
향기도 넓게 퍼지는 거예요

어서 와
내 곁에 앉아 보세요
두려워서 오므렸던
당신의 꿈을 이제
활짝 펼쳐 보세요

5월에 피는 모란꽃은 보기만 해도 마음이 넓어지는 것 같습니다. 향기를 따라 걷다 보면 "어서 와 밥 먹어야지! …" 하고 부르던 어머니의 음성이 들려오는 것만 같아 다시 뒤돌아보게 되는 너그러운 꽃.

무궁화

아픔의 꽃술 길게 물고
하늘 향해 섰는 무궁화여

우리의 한과 슬픔을 알고 있어서
우리 탓도 아니게 두 동강 나 버린
삼팔선의 비극을 알고 있어서
차라리 입 다문 거지?
향기도 감춘 거지?
좋은 일이 있어도 헤프게 웃지 않는
슬기를 배운 거지?

오늘도 의연히 버티고 서서
마음으로 마음으로
모든 것을 헤아리는 꽃

붉은 가슴마다 태극기를 꽂으며
오늘도 자유를 노래하는
겨레의 꽃 무궁화여

이미 옛일이 되었지만 진달래는 북한의 국화인데 왜 그 꽃을 예찬하느냐 며 편지를 보내온 독자도 있었습니다. 우리 수녀원에는 하얀 무궁화가 있 어 오가며 바라보는데 잠시 "나라를 위한 기도"를 짧게 바치며 인사를 건 네면 화안히 웃어주곤 한답니다.

능소화 연가

이렇게
바람 많이 부는 날은
당신이 보고 싶어
내 마음이 흔들립니다

옆에 있는 나무들에게
실례가 되는 줄 알면서도
나도 모르게
가지를 뻗은 그리움이
자꾸자꾸 올라갑니다

나를 다스릴 힘도
당신이 주실 줄 믿습니다

다른 사람들이 내게 주는
찬미의 말보다
침묵 속에도 불타는
당신의 그 눈길 하나가

나에겐 기도입니다

전 생애를 건 사랑입니다

능소화는 매혹적인 꽃입니다. 주체할 수 없는 그리움에 몸살 앓는 연인의
모습입니다. 고운 정열이 통째로 타버리고 승천하는 모습으로 능소화는
어디든지 뻗어 갑니다.

찔레꽃

아프다 아프다 하고
아무리 외쳐도

괜찮다 괜찮다 하며
마구 꺾으려는 손길 때문에

나의 상처는
가시가 되었습니다

오랜 세월 남모르게
내가 쏟은
하얀 피
하얀 눈물
한데 모여
향기가 되었다고

사랑은 원래
아픈 것이라고
당신이 내게 말하는 순간

나의 삶은

누구와도 바꿀 수 없는 축복으로

다시 태어났습니다

가시가 있지만 아름답고 향기로운 찔레꽃. 님을 향한 그리움은 오늘도 하얀 찔레꽃으로 피어납니다. 당신만 곁에 계시다면 눈물도 축복입니다. 진정 아무것도 두렵지 않습니다.

선인장

사막에서도
나를
살게 하셨습니다

쓰디쓴 목마름도
필요한 양식으로
주셨습니다

내 푸른 살을
고통의 가시들로
축복하신 당신

피 묻은
인고의 세월
견딜 힘도 주셨습니다

그리하여
살아 있는
그 어느 날

가장 긴 가시 끝에
가장 화려한 꽃 한 송이
피워 물게 하셨습니다

꽃을 더디 피우기에 선인장은 인내와 기다림의 상징입니다. 삶이라는 큰 사막에서 꽃과 열매를 기다리며 침묵 속에 견디고 또 견디는 초록색 기도, 초록색 선인장입니다. 우리 모두는 —

선인장의 고백

하나뿐인 사랑조차
고단하고
두려울 때가 있어요

황홀한 꽃 한 송이
더디 피워도 좋으니
조금 더 서늘한 곳으로
날 데려가 주어요

목마르지 않을
지혜의 샘 하나
가슴에 지니고

이젠 그냥
그대 곁에서
조금 더 편히 쉬고 싶음을
용서해 주어요

크고 작은 갈등과 괴로움을 비켜가며 좀 더 편하게 살고 싶은 유혹에 사로
잡힐 때, 있는 그대로의 마음을 고백하며 용서 청할 수 있는 것이 솔직한
기도가 아닐까요?

수국을 보며

기도가 잘 안 되는
여름 오후
수국이 가득한 꽃밭에서
더위를 식히네

꽃잎마다
하늘이 보이고
구름이 흐르고
잎새마다
물 흐르는 소리

각박한 세상에도
서로 가까이 손 내밀며
원을 이루어 하나 되는 꽃

혼자서 여름을 앓던
내 안에도 오늘은
푸르디푸른
한 다발의 희망이 피네

수국처럼 둥근 웃음
내 이웃들의 웃음이
꽃무더기로 쏟아지네

따로 또 같이! 아름답게 조화를 이루어 피는 수국을 보면 내 마음도 절로 둥글어지는 것 같아요. 하늘빛을 닮은 꽃에서는 시원한 물소리도 들리고 친구의 웃음소리도 들리고…. 그래서 뜨거운 여름에도 더위를 잊고 기도할 수 있답니다.

한 송이 수련으로

내가 꿈을 긷는 당신의 연못 속에
하얗게 떠다니는
한 송이 수련으로 살게 하소서

겹겹이 쌓인 평생의 그리움
물 위에 풀어 놓고
그래도 목말라 물을 마시는 하루

도도한 사랑의 불길조차
담담히 다스리며 떠다니는
당신의 꽃으로 살게 하소서

밤마다
별을 안고 합장하는
물빛의 염원

단 하나의 영롱한 기도를
어둠의 심연에서 건져내게 하소서

나를 위해
순간마다 연못을 펼치는 당신

그 푸른 물 위에
말없이 떠다니는
한 송이 수련으로 살게 하소서

연못에 떠다니는 수련을 보면 마음이 맑고 경건해집니다. 담백한 물빛 평화에 이르기까지 "사랑은 번민과 괴로움의 먼 길을 돌아오는구나" 하는 생각도 새롭게 하면서 물빛 감사기도를 바칩니다.

연꽃의 기도

겸손으로 내려앉아
고요히 위로 오르며
피어나게 하소서

신령한 물 위에서
문을 닫고
여는 법을 알게 하소서

언제라도
자비심 잃지 않고
온 세상을 끌어안는
둥근 빛이 되게 하소서

죽음을 넘어서는 신비로
온 우주에 향기를 퍼뜨리는
넓은 빛 고운 빛 되게 하소서

한꺼번에 많이 핀 연꽃을 보고 문득 두려움을 느낀 적이 있습니다. 함부로 가까이 갈 수 없는 경외심과 함께 어떤 신령한 힘의 상징 같은 것을 단편적이나마 노래하고 싶었습니다.

들국화

꿈을 잃고 숨져 간
어느 소녀의 넋이
다시 피어난 것일까

흙냄새 풍겨 오는
외로운 들길에
웃음 잃고 피어난
연보랏빛 꽃

하늘만 믿고 사는 푸른 마음속에
바람이 실어다 주는
꿈과 같은 얘기
멀고 먼 하늘 나라 얘기

구름 따라 날던
작은 새 한 마리 찾아 주면
타오르는 마음으로 노래를 엮어
사랑의 기쁨에 젖어 보는
자꾸

하늘을 닮고 싶은 꽃

오늘은
어느 누구의 새하얀 마음을 울려 주었나
또다시 바람이 일면
조그만 소망에
스스로 몸부림치는 꽃

여중 3학년 가을에 쓴 이 글은 유일하게 남아 있는 어린 시절의 꽃시입니다. 그 무렵 들국화는 내가 가장 좋아하는 꽃이었는데⋯. 이 시를 처음으로 읽어 주던 나의 벗은 지금 "꽃누르미회"의 꽃 선생님이 되었답니다.

코스모스

몸 달아
기다리다
피어오른 숨결

오시리라 믿었더니
오시리라 믿었더니

눈물로 무늬진
연분홍 옷고름

남겨 주신 노래는
아직도
맑은 이슬

뜨거운 그 말씀
재가 되겐 할 수 없어

곱게 머리 빗고
고개 숙이면

바람 부는

가을길

노을이 탄다

"코스모스, 코스모스" 하고 이름을 부르면 "네, 네" 하고 대답하는 꽃. 가을이 되면 제일 먼저 설레임으로 다가오는 꽃. 여덟 개의 꽃잎마다 행복 이름 하나씩(행복선언: 마태오 5,1-12) 정해 놓고 나름대로 넓고 깊은 기도를 바치다 보면 나도 우주를 끌어안은 코스모스가 된 것 같았지요.

"3일 전에 코스모스를 보고 느닷없이 네 생각을 했는데 어떻게 40여 년 만에 이 캐나다 땅에서 만나지? 정말 기적이네 …" 하던 초등학교 친구, 첫영성체 동기 소년 친구의 그 잊을 수 없는 미소도 꽃잎 속에 환히 살아 있네요.

매화 앞에서

보이지 않기에
더욱 깊은
땅속 어둠

뿌리에서
줄기와 가지
꽃잎에 이르기까지
먼 길을 걸어온
어여쁜 봄이
마침내 여기 앉아 있네

뼛속 깊이 춥다고 신음하며
죽어가는 이가
마지막으로 보고 싶어하던
희디흰 봄햇살도
꽃잎 속에 접혀 있네

해마다
첫사랑의 애틋함으로

제일 먼저 매화 끝에
피어나는 나의 봄

눈 속에 묻어두었던
이별의 슬픔도
문득 새가 되어 날아오네
꽃나무 앞에 서면
갈 곳 없는 바람도
따스하여라

"살아갈수록 겨울은 길고
봄이 짧더라도 열심히 살 거란다
그래, 알고 있어
편하게만 살 순 없지
매화도 내게 그렇게 말했단다"
눈이 맑은 소꿉동무에게
오늘은 향기 나는 편지를 쓸까

매화는 기어이
보드라운 꽃술처럼 숨겨두려던
눈물 한 방울 내 가슴에 떨어뜨리네

겨울의 먼 길을 걸어 오랜만에 모습을 드러낸 꽃 한 송이의 어여쁜 개화를 축하하는 마음으로 이 시를 썼습니다. 매화 향기와 더불어 시작되는 봄, 나는 피어나는 꽃을 보려고 날마다 뜰에 나갔지요. 바람을 데리고 온 새소리를 들으며 "동무야, 나와 놀자 …"고 날마다 나를 밖으로 불러내던 다섯 살 적 동무를 갑자기 기억하며 나이 들수록 새롭게 부활하는 추억의 힘에 대해 생각했습니다.

동백꽃에게

네가 있어
겨울에도
춥지 않구나

빛나는 잎새마다
쏟아 놓은
해를 닮은
웃음소리

하얀 눈 내리는 날
붉게 토해내는
너의 사랑 이야기

노란 꽃밥 가득히
눈물을 담고
떠날 때는
고운 모습 그대로
미련없이 무너져 내리는
너에게서

우린 모두
슬픔 중에도
아름답게
이별하는 법을
배우는구나

수십 년간 남쪽에 살면서 동백꽃이 좋아졌습니다. 추운 겨울에도 동백꽃을 보면 마음이 환해지고 따스해져 좋습니다. 채 시들기도 전에 통째로 떨어지는 모습이 안타까워 동백나무 앞에 서 있는 적이 많았고 한 송이 주워다가 물컵에 담아두곤 했지요. 갑자기 오는 이별이 슬플 때면 동백꽃이 나를 위로해 주었습니다.

동백꽃이 질 때

비에 젖은 동백꽃이
바다를 안고
종일토록 토해내는
처절한 울음소리
들어 보셨어요?

피 흘려도
사랑은 찬란한 것이라고
순간마다 외치며 꽃을 피워냈듯이
이제는 온몸으로 노래하며
떨어지는 꽃잎들

사랑하면서도
상처를 거부하고
편히 살고 싶은 나의 생각들
쌓이고 쌓이면
죄가 될 것 같아서

마침내 여기

섬에 이르러 행복하네요

동백꽃 지고 나면
내가 그대로
붉게 타오르는 꽃이 되려는
남쪽의 동백섬에서 …

우리 수도원에는 빛깔과 모양이 다른 여러 종류의 동백꽃이 있는데 때로는 그리스도의 수난을 묵상하게 해 줍니다. 꽃도 아름답지만 아름답게 잘 익은 동백 열매를 보며 "나도 잘 익은 사랑의 사람이 되고 싶다"고 생각하곤 하지요.

우리 서로 사랑하면 언제라도 봄

꽃마음으로 오십시오

꽃들이 한데 어우러진
이 고운 자리에
꽃처럼 순하고 어여쁜
꽃마음으로 오십시오

있어야 할 제자리에서
겸허한 눈길로 생각을 모으다가
사람을 만나면
환히 웃을 줄도 아는
슬기로운 꽃
꽃을 닮은 마음으로 오십시오

꽃 속에 감추어진
하늘과 태양과
비와 바람의 이야기
꿀벌과 나비와 꽃을 사랑하는
모든 사람들의 이야기
꽃이 좋아 밤낮으로
꽃을 만지는 이들의 이야기

그 이야기를 들으며
기쁨을 나누는 우리의 시간도
향기로운 꽃으로 피어날 수 있도록
기다림의 꽃마음으로 오십시오

열매 위한 아픔을 겪어
더욱 곱게 빛나는
꽃마음으로 오십시오

이 시는 어느 꽃꽂이 전시회를 위한 축시로 쓴 것입니다. 우리가 누구를 사랑하고 위하는 마음, 그를 위해 한결같이 기도하는 마음은 언제나 향기로운 꽃마음일 것입니다. 부디 여러분도 이러한 "꽃마음"으로 행복하시길 기도합니다.

꽃마음 별마음

오래오래 꽃을 바라보면
꽃마음이 됩니다
소리없이 피어나
먼 데까지 향기를 날리는
한 송이의 꽃처럼
나도 만나는 이들에게
기쁨의 향기 전하는
꽃마음 고운 마음으로
매일을 살고 싶습니다

오래오래 별을 올려다보면
별마음이 됩니다
하늘 높이 떠서도 뽐내지 않고
소리없이 빛을 뿜어내는
한 점 별처럼
나도 누구에게나 빛을 건네주는
별마음 밝은 마음으로
매일을 살고 싶습니다

꽃처럼 고운 마음 별처럼 밝은 마음을 지니려면 얼마나 깊이 깨어 있어야 할까요. 얼마나 참을성 있게 기다려야 할까요. 꽃마음 별마음이 아무런 노력 없이 거저 주어지는 것은 아닌 듯해요. 잘 키우고 잘 가꾸어야만 얻을 수 있는 귀한 선물입니다.

꽃이름 외우듯이

우리 산
우리 들에 피는 꽃
꽃이름 알아가는 기쁨으로
새해, 새날을 시작하자

회리바람꽃, 초롱꽃, 들꽃, 벌깨덩굴꽃
큰바늘꽃, 구름체꽃, 바위솔, 모싯대
족두리풀, 오이풀, 까치수염, 솔나리

외우다 보면
웃음으로 꽃물이 드는
정든 모국어

꽃이름 외우듯이
새봄을 시작하자
꽃이름 외우듯이
서로의 이름을 불러주는 즐거움으로
우리의 첫 만남을 시작하자

우리 서로 사랑하면
언제라도 봄

먼 데서도 날아오는 꽃향기처럼
봄바람 타고
어디든지 희망을 실어나르는
향기가 되자

꽃이름을 하나라도 더 알기 위해 나는 자주 꽃사전이나 식물도감을 펼쳐 보곤 합니다. 꽃들도 이름을 불러주면 기뻐하지요. "이름 모를 꽃"이란 말은 듣기 싫다고 하네요. 꽃이름 공부하는 즐거움으로 우리도 하루를 시작하고 서로의 이름을 불러준다면 우리의 삶에도 아름다운 꽃물이 들 거예요.

꽃의 연가

너무 쉽게 나를
곱다고만 말하지 말아 주세요
한 번의 피어남을 위해
이토록 안팎으로
몸살 앓는 나를

남들은 눈치채지 못하는
혼자만의 아픔을
노래로 봉헌해도
아직 남아 있는 나의 눈물은
어떠한 향기나 빛깔로도
표현할 수가 없어요

피어 있는 동안의
모든 움직임이
그대를 위한
나의 기도인 것처럼
시든 후에도 전하는
나의 말을 들어 주세요

목숨을 내놓은
사랑의 괴로움을
끝까지 견디어내며
무거운 세월을 가볍게 피워올리는
바람 같은 꽃
죽어서도 노래를 계속하는
그대의 꽃이에요

사랑에는 늘 아픔이 따릅니다. 남들은 다 눈치채지 못하는 혼자만의 고뇌를 잘 다스리는 침묵과 인내를 통해 우리는 좀 더 성숙할 수 있음을, 비바람을 잘 견디어낸 꽃나무들이 조용히 일러주는 것 같습니다.

눈물꽃

잘 울어야
눈물도
꽃이 됩니다

나를 위해 울지 말고
너를 위해 울 때

너무 오래 울지 말고
적당히 울 때

아름다움을 향한 그리움으로
감동하거나 안타까워서 울 때

허영심을 버리고
숨어서 울 때

죄를 뉘우치는 겸손으로
착하게 울 때

눈물은
진주를 닮은
하나의 꽃이 됩니다
세상을 적시며 흐르는 강물꽃
눈물꽃이 됩니다

마음이 메마르고 무감각해질 적마다 눈물도 축복이라는 생각을 자주 하게 됩니다. 자기연민에 빠진 울음이 아니고 세상과 타인을 위해 우는 이들을 보면 늘 존경스러운 마음이 들곤 합니다. 그러고 보니 잘 우는 것도 그리 쉽진 않은 것 같네요.

꽃이야기 하는 동안은

꽃이야기 하는 동안은
우리 모두
꽃이 됩니다

어려운 시절에도
꽃이야기 하는 동안은
작은 평화
작은 위로
살며시 피어납니다

"벌써 꽃이 피고 있어요"
밝게 말하는 이의 목소리에도
꽃향기 묻어나고

"이젠 꽃이 지고 있어요"
슬프게 말하는 이의 목소리에도
꽃향기 묻어나고

꽃이야기 하는 동안은

누구도 남의 흉을 보지 않네요
죄를 짓지 않네요

사람들이 서로 꽃이야기를 나누는 모습은 항상 아름답습니다. 적어도 그 순간엔 누굴 흉보거나 나쁜 말을 하지 않아 좋아요. 해마다 꽃철에 꽃구경 하는 사람들의 말을 들으면 옆에 있는 사람까지 행복해집니다. 세상에 살면서 꽃이야기를 더 많이 나누는 우리가 되길 기대해 봅니다.

꽃멀미

사람들을 너무 많이 만나면
말에 취해서 멀미가 나고
꽃들을 너무 많이 대하면
향기에 취해서 멀미가 나지

살아 있는 것은 아픈 것
아름다운 것은 어지러운 것

너무 많아도 싫지 않은 꽃을 보면서
나는 더욱 사람들을 사랑하기 시작하지
사람들에게도 꽃처럼 향기가 있다는 걸
새롭게 배우지

사람이 꽃보다 아름답다는 말을 우린 요즘 습관적으로 많이 하지만 진정 꽃보다 아름답기 위해서는 얼마나 더 이기심을 버리고 아파해야 할지… 얼마나 많이 사랑해야 할지…. 주위 사람들 안에 숨어 있는 향기를 발견하는 것 또한 아름다운 덕목이고 지혜인 듯합니다.

기쁨꽃

한번씩 욕심을 버리고
미움을 버리고
노여움을 버릴 때마다
그래그래, 고개 끄덕이며
순한 눈길로 내 마음에 피어나는
기쁨꽃, 맑은꽃

한번씩 좋은 생각 하고
좋은 말 하고 좋은 일 할 때마다
그래그래, 환히 웃으며
고마움의 꽃술 달고
내 마음 안에 피어나는
기쁨꽃, 밝은꽃

한결같은 정성으로 기쁨꽃 피워내며
기쁘게 살아야지
사랑으로 가꾸어 이웃에게 나누어 줄
열매도 맺어야지

한 번밖에 없는 삶을 누가 강요하지 않더라도 맑고 선하게 살려는 마음을 지닌다면 기쁨꽃을 피우는 것입니다. 아주 사소한 일에도 최선을 다하는 충실함으로 기쁨을 찾는 노력…. 우리 모두 자기만의 기쁨꽃을 많이 피워 그 기쁨의 향기가 세상 가득히 퍼져나가면 좋겠습니다.

어느 꽃에게

넌 왜
나만 보면
기침을 하니?
꼭 한마디 하고 싶어하니?

속으로 아픈 만큼
고운 빛깔을 내고
남모르게 아픈 만큼
사람을 깊이 이해할 수 있다고
오늘도 나에게 말하려구?

밤낮의 아픔들이 모여
꽃나무를 키우듯
크고 작은 아픔들이 모여
더욱 향기로운 삶을 이루는 거라고
또 그 말 하려구?

꽃들이 잔기침하는 소리를 들은 적이 있습니다. 꽃나무 앞에서 그 아름다움에 깊이 감탄할 적마다 꽃들은 그 아름다움 뒤에 숨어 있는 눈물의 역사를 조용조용 들려 주고 싶어했어요. 내가 시간 없다고 비켜갈 적마다 꽃들은 얼마나 서운했을까요?

꽃밭에 서면

꽃밭에 서면 큰 소리로 꽈리를 불고 싶다
피리를 불듯이
순결한 마음으로

꽈리 속의 자디잔 씨알처럼
내 가슴에 가득 찬 근심 걱정
후련히 쏟아 내며
꽈리를 불고 싶다

아무도 미워하지 않는 동그란 마음으로
꽃밭에 서면

저녁노을 바라보며
지는 꽃의 아름다움에
흠뻑 취하고 싶다

남의 잘못을
진심으로 용서하고
나의 잘못을

진심으로 용서받고 싶다

꽃들의 죄없는 웃음소리
붉게 타오르는
꽃밭에 서면

피는 꽃도 지는 꽃도 다 나름대로 아름답다는 것을 꽃밭에 서면 새롭게 느끼곤 합니다. 죄 없이 순한 얼굴의 꽃들을 바라보며 좀 더 맑고 좀 더 착해지고 싶은 순간을 여러분도 경험하셨지요?

아침 꽃밭에서

아침마다 꽃밭에서
꽃들과 입맞추며
향기 맡는 우리 언니

꽃술에 달린
노란 꽃가루가
코끝에 묻은 것도 모르고
활짝 웃으며
하늘을 보는
언니 얼굴에도
아침의 노래처럼
한 송이 고운 꽃
하얀 꽃이 핍니다

언니도 한 송이
꽃이 됩니다

아침 꽃밭에서 하루를 시작하는 기쁨. 꽃향기를 맡다가 꽃가루를 얼굴에 묻히고 웃는 언니의 모습은 얼마나 정다운가요? 지금은 엄률 수도회인 가르멜 수녀원에서 이름뜻 그대로 맑고 어질게 살아가는 고요한 인숙 언니.

꽃을 받은 날

제가 잘한 일도 없는데
이렇게 아름다운
꽃을 보내시다니요!

내내 부끄러워하다가
다시 생각해 봅니다

꽃을 사이에 두고
우리는 다시
친구가 되는 거라고

우정과 사랑을
잘 키우고 익혀서
향기로 날리겠다는
무언의 약속이
꽃잎마다 숨어 있는 거라고 —

꽃을 사이에 두니
먼 거리도 금방

가까워지네요
많은 말 안해도
더욱 친해지는 것 같네요

꽃을 준 사람도
꽃을 받은 사람도
아름다운 꽃이 되는
이 순간의 기쁨이
서로에게 잊지 못할 선물이군요

사랑한다는 말
고맙다는 말
침묵 속에 향기로워
새삼 행복합니다

누군가에게 꽃다발을 받으면 기쁘면서도 왠지 부끄럽고 미안한 마음이 들곤 해요. 특별한 날이 아니라도 서로 꽃을 주고받는 것은 아름다운 사랑의 습관이고 우정의 선물이라고 생각합니다.

꽃집에서

"어느 꽃을 사겠니?"
"…"
"어느 꽃을 사겠냐니까?"
"…"

꽃집에 들어가서
꽃을 사는 일은
정말 어려워요

꽃들은 다
저마다의 모양과 빛깔이
너무 아름답거든요
향기가 좋거든요
모두 다
내 마음에 들거든요

꼭 한 가지만
골라서 산다는 일은
어쩐지 미안하고

어쩐지 슬퍼집니다

그래서
꽃집을 슬며시
그냥 나와 버립니다

꽃들이 많은 꽃집에 들어가서 꽃을 고르는 일은 나에게 늘 어려운 숙제입니다. 이 꽃을 고르면 저 꽃이 맘에 걸리고 저 꽃을 고르면 이 꽃이 맘에 걸리고 그래요. 그래서 슬그머니 꽃집을 나와 버린 경험이 여러분도 있으신가요?

꽃씨를 닮은 마침표처럼

내가 심은 꽃씨가
처음으로 꽃을 피우던 날의
그 고운 설레임으로

며칠을 앓고 난 후
창문을 열고
푸른 하늘을 바라볼 때의
그 눈부신 감동으로

비 온 뒤의 햇빛 속에
나무들이 들려 주는
그 깨끗한 목소리로

별것 아닌 일로
마음이 꽁꽁 얼어붙었던
친구와 오랜만에 화해한 후의
그 티없는 웃음으로

나는 항상

모든 사람을 사랑하고 싶다

못견디게 힘들 때에도
다시 기뻐하고
다시 시작하여
끝내는 꽃씨를 닮은 마침표 찍힌
한 통의 아름다운 편지로
매일을 살고 싶다

매일매일 마침표를 잘 찍는 사람이 되라고 배웠습니다. 이왕이면 사랑스러운 꽃씨를 닮은 마침표를 찍고 싶네요. 이 시는 중학교 2학년 국어(읽기) 교과서에도 소개되어 어린 벗들의 꽃씨 같은 편지를 많이 받았답니다.

풀꽃의 노래

나는 늘
떠나면서 살지

굳이
이름을 불러주지 않아도 좋아

바람이 날 데려가는 곳이라면
어디서나 새롭게 태어날 수 있어

하고 싶은 모든 말들
아껴둘 때마다
씨앗으로 영그는 소리를 듣지

너무 작게 숨어 있다고
불완전한 것은 아니야
내게도 고운 이름이 있음을
사람들은 모르지만
서운하지 않아

기다리는 법을
노래하는 법을
오래 전부터
바람에게 배웠기에
기쁘게 살아갈 뿐이야

푸름에 물든 삶이기에
잊혀지는 것은
두렵지 않아

나는 늘
떠나면서 살지

 이 시는 발표한 지 그리 오래되지 않았어도 독자들이 무척 좋아하여 인터넷에도 아름다운 그림을 곁들여 많이 올린 시입니다. "이름 모른다"는 말은 무책임하지만 … 풀꽃이라고밖엔 설명할 수 없는 그렇게 작은 꽃들을 자주 기억하며 풀꽃의 입장에서 존재의 아름다움을 긍정적으로 노래해 본 시입니다.

꽃씨 편지

그대가 내게 준
꽃씨 봉지는
글씨 하나 없어도
가장 길고 확실한
사랑의 편지로
나를 설레이게 해요

꽃씨 하나
땅속에
내 마음속에 떨어져
꽃을 피울 그때까지

기다리고 기다리며
나는 내내
그대만 생각할 거예요

조그만 꽃씨처럼
우리의 사랑 또한

다시 피어
열매 맺게 될 거예요

해마다 미지의 독자나 친지들이 꽃씨 봉투를 보내 주곤 합니다. 더러는 밭에 심기도 하지만 꽃씨 봉투가 하도 예뻐서 차마 뜯질 못하고 보관해 두기도 하는데 … 꽃씨가 곧 사랑의 편지 같은 느낌이 들었지요.

꽃뿌리

꽃에도 뿌리가 있다는 걸
나는 왜 자주
잊어버릴까

눈에 보이지 않는
뿌리의 힘으로

꽃은 활짝 피어
웃을 수 있음을
왜 자꾸 잊어버릴까

숨어서도
뿌리는
생명이듯이

누가 알아주지 않아도
묵묵히
뿌리가 돼주는 사람들 있어

세상 꽃밭 향기도
남아 있는 것일 테지?

당장 눈에 보이지 않는 존재에 대해 고마워하는 마음을 잊고 살아, 그러한
자신의 모습을 반성하는 마음으로 이 글을 썼습니다.

잎사귀 명상

꽃이 지고 나면
비로소 잎사귀가 보인다
잎 가장자리 모양도
잎맥의 모양도
꽃보다 아름다운
시가 되어 살아온다

둥글게, 길쭉하게
뾰족하게, 넓적하게

내가 사귄 사람들의
서로 다른 얼굴이
나무 위에서 웃고 있다

마주나기잎
어긋나기잎
돌려나기잎
무리지어나기잎

내가 사랑한 사람들의
서로 다른 운명이
삶의 나무 위에 무성하다

꽃도 아름답지만 잎사귀의 모양도 매우 다양하고 아름답습니다. 식물학 수업 시간에 잎사귀를 그리다가 그 아름다움에 매료되어 더 깊이 관심을 갖고 관찰하기 시작했습니다. 때로는 꽃이 진 자리에서 오래오래 잎사귀만 바라보는 명상을 합니다.

빈 꽃병의 말 (1)

꽃들을 다 보낸 뒤
그늘진 한 모퉁이에서
말을 잃었다

꽃과 더불어 화려했던
어제의 기억을 가라앉히며
기도의 진주 한 알
입에 물고 섰다
하얀 맨발로 섰다

아무도 오지 않는 텅 빈 가슴에
고독으로 불을 켜는
나의 의지

누구에게도 문 닫는 일 없이
기다림에 눈 뜨고 산다
희망의 잎새 하나
끝내 피워 물고 싶다

나의 방 안에 놓여 있던 어느 비어 있는 꽃병은 어느 날 희망과 기다림으로 눈을 동그랗게 뜨고 내가 묻지도 않았는데 이런저런 이야길 들려 주었답니다. 슬픔과 기쁨, 만남과 이별이 교차하는 삶의 이야기. 잊혀진 존재의 고독을 잘만 키우면 사실은 빛나는 선물이 될 수 있음을 —

빈 꽃병의 말 (2)

꽃이여
어서 와서
한 송이의 사랑으로
머물러 다오

비어 있음으로
종일토록 너를 그리워할 수 있고
비어 있음으로
너를 안아 볼 수 있는 기쁨에
목이 쉬도록
노래를 부르고 싶은 나

닦을수록 더 빛나는
고독의 단추를 흰 옷에 달며
지금은 창 밖의
바람소릴 듣고 있다

너를 만나기도 전에
어느새 떠나 보낼 준비를 하는

오늘의 나에게
꽃이여
어서 와서
한 송이의 이별로 꽂혀 다오

가끔 들꽃을 꽂으려고 꽃병을 찾는 일은 늘 설레임을 안겨 줍니다. 우리 모두 한 송이의 사랑으로 누군가의 가슴에 꽂힐 준비를 하는 꽃이 되기도 하고 때로는 사랑을 기다리며 노래하는 빈 꽃병이 되기도 합니다.

□해설□

하느님과의 합일을 추구하는 꽃의 노래

김혜영(시인 · 문학 평론가)

샘물처럼 맑고 투명한 이해인의 시는 하느님께 바치는 찬미의 노래인 동시에 사랑하는 사람들에게 바치는 사랑시이다. 하느님과의 합일을 추구하는 고뇌와 열정이 시의 여린 꽃잎 속에 배어 있다. 꽃과 구름과 바다의 이미지가 많으며 특히 꽃으로 형상화된 시편에는 그녀의 영성이 투사되어 그윽한 향기가 난다. 『꽃은 흩어지고 그리움은 모이고』는 메마르고 팍팍한 현대인의 삶에 천리향의 향기를 전해주는 꽃시 모음집이다. 하늘하늘 흩날리는 꽃잎처럼, 사랑과 기쁨에 젖은 맑은 언어들이 상쾌한 바람처럼 가슴에 불어온다. 「민들레의 영토」에서 구축한 영성의 땅은 좁고 고독한 사랑의 길이다. 봄날 노란 얼굴로 피어오르는 민들레가 상징하는 것은 낮고 소박한 삶에의 동경이다. 화려한 삶의 길이 아닌 작은 자의 길이다. 가슴 한복판에 꽂은 유일한 깃발인 "사랑"은 수녀원 뜰 안의 민들레로 피어난다. 꽃이 진 뒤에 홀씨 되어 훌훌 날아가는 민들레는 무소유의 자유를 갈구하는 삶의 표상이다.

기도는 나의 음악
가슴 한복판에 꽂아 놓은
사랑은 단 하나의
성스러운 깃발

태초부터 나의 영토는
좁은 길이었다 해도
고독의 진주를 캐며
내가
꽃으로 피어나야 할 땅

- 「민들레의 영토」 부분

수녀로서의 자의식이 짙게 배어 있는 시는 「나팔꽃」, 「패랭이꽃 추억」, 「달맞이꽃」 등이다. 초기 시에서는 수녀원 안에서의 삶이 꽃의 이미지에 반영되어, 하느님께 자신을 제물처럼 봉헌한다. 아침마다 자신의 몸을 활짝 여는 나팔꽃처럼 자신의 의지는 뒤로 한 채, 철저하게 하느님을 향해 몰입해 간다. 「나팔꽃」에서는 종과 나팔꽃을 병치시켜, 즉 청각과 시각이 결합되어 나팔꽃이 은은한 종소리를 내는 것 같다. 이해인은 자연의 대상과 자신을 일치시키는 은유의 기법을 아주 자연스럽게 구사한다. 꽃, 나무, 바다 등의 자연 속으로 깊숙이 침잠하여 자아와 자연의 경계가 없어진다. 자연의 존재들에 자신을 투사시키지만 그 내면은 언제나 하느님을 지향한다. 절대적이고 영원한 사랑의 대상에 대한 헌신과 찬미는 대부분의 종교시에 등장하는 기본적인 주제이자 모티프이다. 영국의 홉킨스Gerard Manley Hopkins 같은 시인에게도 이와 유사한 면이 많다. 홉킨스의 경우에는 자연 속에 내재하는 성령에 대하여 아주 예민한 감수성을 보여주지만, 자연 속의 사물들과 자아가 하나가 되는 양상을 취하지는 않는다. 온 우주에 존재하는 신의 영광과 장엄을 표현하는 수단으로 자연이 등장한다. 즉, 하느님의 영광을 드러내는 매개체로서의 자연이 다루어지는 반면 이해인은 하느님에 대한 끝없는 갈망을 추구하면서 자연의 일부분이 되어 하느님을 찬미하는 형태를 취한다. 한편 종교적 알레고리를 벗어나 그녀의 시를 읽으면 사랑하는 임에게 자신의 무한한 사랑을 고백하는 "사랑시"처럼 다가온다. 그 사랑은 상황에 따라 변하는 일시적인 사랑이 아닌 절대적인 헌신과 희생을 감내하려는 의지를 내포한 사랑이다. "하느님"만을 사랑하겠다는 수도자의 굳은 서약으로서, 신성함과 숭고함을 간직한 사랑이다.

    햇살에 눈 뜨는 나팔꽃처럼
    나의 생애는
    당신을 향해 열린
    아침입니다

신선한 뜨락에 피워올린
한 송이 소망 끝에
내 안에서 종을 치는
하나의 큰 이름은
언제나 당신입니다

- 「나팔꽃」 부분

하느님과 시적 화자의 관계 설정에 있어서, 이해인은 자신을 텅 비워 하느님이 자신을 지배하기를 희망한다. 「달맞이꽃」에서 볼 수 있듯이 "당신"은 달·하느님·타자·진리·사랑으로 변주된다. 당신은 진리나 자아 그 자체일 수 있음을 암시한다. 텅 비움으로써 존재 전부를 수용하려는 확장된 자아의 의식이다.

당신의 밝은 빛
남김없이 내 안에
스며들 수 있도록
이렇게 얇은 옷을 입었습니다

해질녘에야
조심스레 문을 여는
나의 길고 긴 침묵은

그대로 나의 노래인 것을
달님

맑고 온유한
당신의 그 빛을 마시고 싶어
당신의 빛깔로 입었습니다

끝없이 차고 기우는 당신의 모습 따라
졌다가 다시 피는 나의 기다림을
당신은 아시지요
달님

-「달맞이꽃」 부분

달빛 아래 서 있는 은은한 달맞이꽃처럼, 하느님의 목소리와 빛깔로 자신을 채우고 싶은 서원이 배어 있다. "끝없이 차고 기우는 당신의 모습 따라 / 졌다가 다시 피는 나의 기다림을"에서는 달의 순환주기를 따르는 달맞이꽃처럼, 예수 그리스도의 삶을 따라가고픈 마음이 고스란히 담겨 있다. 환한 보름달 같은 사랑뿐만 아니라 가녀린 초승달처럼 밀려드는 슬픔마저 담담히 수용하겠다고 고백한다.「패랭이꽃 추억」에서도 누군가에게 늘 꽃을 건네는 마음, 한 송이 꽃으로 누군가의 가슴속에서 피어나고 싶은 염원을 밝히고 있다.

누군가에게
늘 꽃을 건네는 마음으로 살고 싶었다
아니 한 송이의 진짜 꽃이 되고 싶어
수녀원에 왔다

더 많이 사랑하고 싶은 욕심에
가슴이 뛰었다

바람 부는 날
수녀원 뜰에
지천으로 핀 패랭이꽃을
보고 또 보며
지상에서의 내 고운 날들이
흘러간다

-「패랭이꽃 추억」 부분

 이해인이 세계를 바라보는 시선은 가톨릭의 우주관과 연결된다. 고통스런 지상의 삶과 천국에 대한 동경이 함께 드러난다. 동양적 우주관에서는 둥근 원처럼 순환하는 시간이 지배적인 반면, 서양의 기독교적 세계관은 직선의 역사이다. 천지가 창조되고 인간이 타락하고, 예수 그리스도의 탄생과 죽음 그리고 부활, 마지막에는 종말이 온다는 시간관이 배후에 깔려 있다. 시작과 끝이 있는 직선의 시간관인 경우에 지상에서의 삶은 평안과 기쁨만이 존재하는 천국으로 가기 위한 여정이다. 지상에서의 고뇌는 유배지에서 당하는 고통과도 같다. 이해인은 자신을 한 송이 꽃으로 봉헌하고 싶지만, 수도자이기 이전에 평범한 한 인간으로서 겪어야 하는 아픔도 겪게 된다.「파꽃」,「한 송이 수련으로」,「장미를 생각하며」,「선인장」에서는 수녀원에서 겪었던 고뇌와 아픔이 새겨져 있다. 극락에 데려다 놓아도 그 극락이 싫다고 뛰쳐나오는 것이 중생의 마음이라는 말이 있듯이, 순수하고 아름다운 의지의 꽃들이 모인 꽃밭에서도 갈등과 오해, 좌절이 있게 마련이다. 장미의 향기 뒤에서 찌르는 가시처럼 마음에 금이 가는 순간을 그녀가 어떻게 승화시켰는지를 살필 수 있다.「파꽃」에서는 내면의 슬픔을 마음속으로 삭이고 의연한 삶의 길을 가려는 태도가 엿보이고,「선인장」에서는 사막으로 내몰린 자아의 고독감이 절정에 이른다. 사람들 속에 살면서도 입 안에서 사막의 모래알을 삼켜야 하는 절망이 수도자인 그녀에게도 여지없이 찾아든다. 속세에 사는 보통사람들처럼 마음껏 눈물을 보일 수도 없고, 내면의 불만을 수다로 떠들면서 해소할 수도 없었던 메마른 내면의 독백이 꽃의 이미지를 통해 피어난다.

    매운 눈물을
    안으로만 싸매 두고
    스스로 깨어 사는

조용한 꽃

- 「파꽃」 부분

사막에서도
나를
살게 하셨습니다

쓰디쓴 목마름도
필요한 양식으로
주셨습니다

내 푸른 살을
고통의 가시들로
축복하신 당신

- 「선인장」 부분

그러나 이해인의 시에서 고통과 상처는 삶에 대한 새로운 인식의 전환을 이루는 계기가 된다. 고통 그 자체에 매몰되기보다는 고통을 초극하는 새로운 의식의 변화가 수반된다. 「장미를 생각하며」에서는 "가시에 찔려 더욱 향기로웠던 / 나의 삶이 / 암호처럼 찍혀 있는"이라는 말을 남긴다. 물을 주고 가꾼 사랑이 도리어 화살이 되어 가슴에 와 박히는 쓰라린 현실, 그 쓰라린 상처에서 천국의 향기가 나도록 자신을 추스르는 의지가 돋보인다. 후기 시로 갈수록 삶의 고통을 너그러운 품안에 끌어안으면서 피고름이 흐르는 상처에서 더 진한 장미향을 맡게 되는 삶의 신비 쪽으로 다가간다. 수도원 초기 시절에는 하느님에 대한 갈망이 불꽃처럼 타오르다 점차 세월이 흐르면서 생활 안에서 존재하는 하느님의 현존을 향해 나아가는 양상이 두드러진다.

내가 물 주고 가꾼 시간들이
겹겹의 무늬로 익어 있는 꽃잎들 사이로
길이 열리네

가시에 찔려 더욱 향기로웠던
나의 삶이
암호처럼 찍혀 있는

–「장미를 생각하며」 부분

꽃으로 봉헌된 삶의 길을 지향하는 시편들 가운데 특히「해바라기 연가」에 이해인의 영성이 집약되어 있다. 그녀 스스로 이렇게 말한다. "내가 종신서원을 앞두고 해바라기꽃의 입을 통해 고백한 기도 연가입니다. 30년 가까이 독자들의 사랑을 가장 많이 받은 꽃시이기도 해요. 사랑은 언제나 변함없이 안타깝고 애틋한 마음, 기다림과 그리움을 꽃씨로 익히는 '해바라기 마음' 입니다." 종신서원을 앞두고 하느님과 영원한 사랑의 연인으로 남기 위해 바친 이 시를 통해, 그녀가 "사랑 그 자체"가 되는 삶을 지향하고 있음을 알 수 있다.

내 생애가 한 번뿐이듯
나의 사랑도
하나입니다

나의 임금이여
폭포처럼 쏟아져 오는 그리움에
목메어
죽을 것만 같은 열병을 앓습니다

당신 아닌 누구도
치유할 수 없는
내 불치의 병은
사랑

이 가슴 안에서
올올이 뽑은 고운 실로
당신의 비단 옷을 짜겠습니다

빛나는 얼굴 눈부시어
고개 숙이면
속으로 타서 익는 까만 꽃씨
당신께 바치는 나의 언어들

이미 하나인 우리가
더욱 하나가 될 날을
확인하고 싶습니다

나의 임금이여
드릴 것은 상처뿐이어도
어둠에 숨지지 않고
섬겨 살기 원이옵니다

-「해바라기 연가」 전문

여름날 태양을 향해 고개를 치켜든 해바라기의 열정에 수도자의 서원을 담은 이 시는 성서의 「아가서」를 연상시킨다. 당신 아닌 그 누구도 나의 마음을 차지할 수 없다고 고백한다. 진리를 향한 굳건한 서원, 사랑의 불꽃에 타오르는 영혼의 고백은 성령의 불꽃을 연상시킨다. 꽃시 가운데에도 단연 시적인 완성도와 아름다움, 음악성이 빼어난 시이다. 한편 「해바라기 연가」와는 대조적으로 「한 송이 수련으로」에서는 영혼을 뒤흔든 하느님에 대한 열정이 다소 차분하게 가라앉은 듯한 어조가 선보인다. 마치 사랑의 열정에 빠진 남녀가 연애를 하고 결혼하여 생활하다가 자신들의 삶을 성찰해 보듯, 이해인 역시 자신의 사랑에 대한 성찰을 보여준다. 물 위에 떠다니는 담담한 수련처럼 사랑의 열정에 물든 자신의 모습을 비춰보고 있다. 사랑의 열정도 중요하지만, 사랑이 큰 만큼 고독도 깊은 삶의 뜨락에서 겪게 되는 목마른 갈증과 관조의 시선이 함께 나타난다.

내가 꿈을 긷는 당신의 연못 속에
하얗게 떠다니는
한 송이 수련으로 살게 하소서

겹겹이 쌓인 평생의 그리움
물 위에 풀어 놓고
그래도 목말라 물을 마시는 하루

도도한 사랑의 불길조차
담담히 다스리며 떠다니는
당신의 꽃으로 살게 하소서

-「한 송이 수련으로」부분

이해인의 영성은 세월이 흐를수록 점점 가까이 있는 타자, 즉 이웃에 대한 사랑으로 번져나가는 변화가 나타난다. 구원의 개념 역시 사후에 일어나는 것이 아니라 현재적 개념으로 확연하게 변모해 간다. 완전하고 숭고한 하느님에 대한 사랑이 수직적 열망으로 치솟던 초기의 시에 비하여 후기로 갈수록 그 사랑이 수평적으로 확장되어지는 미학이 두드러진다. 「수국을 보며」와 「잎사귀 명상」 시편에 그러한 시각이 잘 구현되어 있다.

각박한 세상에도
서로 가까이 손 내밀며
원을 이루어 하나 되는 꽃

혼자서 여름을 앓던
내 안에도 오늘은
푸르디푸른
한 다발의 희망이 피네

수국처럼 둥근 웃음
내 이웃들의 웃음이
꽃무더기로 쏟아지네

-「수국을 보며」 부분

「수국을 보며」에서 보듯, 작은 꽃송이가 옹기종기 붙어서 둥근 원을 이룬 꽃의 형상이 마치 둥근 지구 같다. 서로서로 살을 맞대고 까르르 웃는 듯한 꽃의 표정이 선명하게 살아난다. 어쩌면 천국도 사랑하는 사람들 사이에서 피어나는 수국이 아닐까? 천년왕국이 먼 미래에 있는 것이 아니라 이웃의 웃음 속에 있음을 수국이 말해준다. 시인이 탐색하는 새로운 천국의 개념은 종교적 이념이나 교리에 갇힌 화석화된 관념이 아닌, 현재의 순간에 가장 적극적인 삶의 방식으로 발현되는 사랑이다. 높고 낮음도 없이 둥글둥글 원만하게 서로를 껴안을 수 있고, 편견 없이 상대와 하나가 되어 서로의 팔과 다리가 되어주는 작은 천국을 시인은 가꾼다. 성서에서 예수님이 자신을 포도나무에 비유하여, 제자들에게 포도나무 가지처럼 한 몸을 이루라는 말씀처럼 이해인은 수국이란 꽃을 통해 존재의 본질로 들어간다. 이처럼 그녀가 시 속에서 키운 나무가 마침내 커다란 숲을 이루게 됨을 예시하는 시가 「잎사귀 명상」이다.

    내가 사귄 사람들의
    서로 다른 얼굴이
    나무 위에서 웃고 있다

    마주나기잎
    어긋나기잎

돌려나기잎
무리지어나기잎

내가 사랑한 사람들의
서로 다른 운명이
삶의 나무 위에 무성하다

-「잎사귀 명상」부분

포도나무 가지에 매달린 나뭇잎의 크기와 색깔이 저마다 다르듯이, 사랑하는 사람들의 색깔이 달라도 그 다름을 통해 커다란 나무가 됨을 암시한다. 벌레 먹은 잎, 시선이 삐딱한 잎, 자신만의 성장을 위해 다른 잎을 가리는 잎, 그 모든 잎이 제각기 자신의 존재 방식으로 크나큰 자연의 섭리 가운데에서 한몸, 한마음임을 독자에게 일깨운다. 자신의 팔에게 왜 오른쪽에 달렸느냐고 불평을 할 수 없듯, 세상살이 역시 먼 시각에서 바라보면 아니 조금만 객관적 시각에서 응시하면, 타자와 주체가 분리될 수 없는 존재임을 깨달을 수 있다. 자아에만 집착함으로써 존재의 합일감이 사라지고 공허와 무질서가 발생되지만 저 영혼의 깊은 무의식에서 탐색해 보았을 때 자아와 우주, 자연과 하느님이 하나의 몸임을 이해인의 시는 보여준다. 이처럼 그녀가 보여주는 시각의 심원함 때문에 가톨릭 수녀라는 장벽을 뛰어넘어 다양한 독자들에게 공감을

준다. 진리를 추구하거나 예술이나, 심지어 평범한 일상 안에서 가장 근본이 되는 토대는 보편적인 진실이기 때문이다. 그 어떤 종교나 예술, 권력보다도 가장 순수하게 생명을 주는 것은 무조건적인 사랑이기 때문이다. 갓난아기를 품에 안은 어머니의 그 따스한 눈빛에 모든 진리가 다 들어 있음을 누가 부인하겠는가. 근대에 들어서면서 가장 영적인 존재로 인간의 위상을 한껏 부풀려 왔지만, 인간 역시 자연의 일부이며 나아가 자연과 한 몸인 것이다. 그러한 관점에서 이해인은 꽃·나무·새 등, 자연의 소재들과 깊이 일치를 이루어 나가는 과정이 곧 사랑의 길임을 깊이 통찰한다. 그녀가 지향하는 시세계가 다분히 범신론적인 이미지로 와 닿는 측면은 이러한 면과 연관된다. 하느님은 어디에 계시는가? 나는 누구인가?라는 존재론적 물음에 직면하여, 이해인이 제시할 수 있는 명쾌한 대답은 「등꽃 아래서」 시편에 담겨 있다.

혼자서 등꽃 아래 서면
누군가를 위해
꽃등을 밝히고 싶은 마음

나도 이젠
더 아래로
내려가야 하리

세월과 함께
뚝뚝 떨어지는 추억의 꽃잎을 모아
또 하나의 꽃을 피우는 마음으로
노래를 불러야 하리

때가 되면 아낌없이
보랏빛으로 보랏빛으로
무너져 내리는 등꽃의 겸허함을
배워야 하리

- 「등꽃 아래서」 부분

5월 해질녘 등꽃 아래 벤치에 앉아 하늘을 올려다봤을 때의 그 황홀한 아름다움이 전해진다. 아래로 아래로 목을 쭉 내밀고, 보랏빛 향기를 선사하는 등꽃! 환한 사랑의 등, 겸손의 등을 내걸고 싶은 이해인의 소망이 배어 있다. 타인을 기쁘게 하는 비법이 자신을 낮추는 길임을 등꽃을 통해서 보여준다. 그녀가 열렬히 추구했던 하느님과의 합일은 그 어떤 황홀한 법열이나 탈혼의 기쁨에 안주하는 것이 아니라 척박한 현실 안에서 피워내는 사랑의 꽃을 통해 구현되는 것임을 암시한다. 고통 속에서 겸허하게 피워내는 작은 사랑의 꽃이 탈혼보다 더 아름다울 수 있음을 등꽃을 통해 말해준다. 깨달음 혹은 하느님과의 합일이 삶의 궁극적 목적이지만 그 좁은 길을 가는 과정에서 순간순간 만나는 모든 존재가 하느님이요, 진리 그 자체임을 알려 주는 등꽃의 노래가 보랏빛 향기처럼 번진다. 아래로 아래로 내려와 십자가에 처참하게 매달린 예수님의 상처에서 향그런 장미향이 번지듯, 상처로 얼룩진 지상에서 피워올린 사랑의 꽃이 발산하는 향기로 세상은 살 만한 곳이 되고 행복한 천국의 뜰이 된다.

□ 벗이 벗에게 □

해인이, 내게는 별 같던 아이

유 데레사

시인으로서, 수녀로서의 모습은 다른 사람의 몫으로 넘기고, 나는 오늘 지극히 인간적인 모습만의 그 아이, 내 친구 해인이를 이야기하려고 합니다.
  그 아이를 처음 만난 것은 고등학교 입학식 때였습니다. "쟤 서울서 왔대." 옆에서 손가락질하며 소곤대는 친구의 시선을 따라 내 시선이 꽂힌 곳에 조각처럼 단정한 한 소녀가 있었습니다. "서울서 왔대." 그 한 마디만으로도 기가 죽었던 우리들에게 그 아이의 모든 것은 하나의 충격으로 다가왔습니다. 국어 시간이면 지그시 눈을 감은 채 선생님마저 그의 시 낭송에 흠뻑 취하게 만들던 그 아이의 낭랑한 목소리, 조금은 차갑게 보일 정도로 투명하게 곱던 그 아이의 지적인 얼굴, 방학하는 날이면 교복을 벗고 자잘한 꽃무늬가 유난히 곱던 보랏빛 원피스에 까만 구두를 갈아 신고 표연(飄然)히 서울로 떠나던 그 아이의 눈부신 모습, 어디 그뿐이겠습니까? 당시 이름 하나만으로도 충분히 문학소녀들의 가슴을 울렁이게 하던 신라 문화제 백일장에서, "혜성 같은 규수 문인이 등장했다"며 심사위원들이 만장일치로 환호했다는 화려한 후일담과 함께 장원壯元이란 수상의 영광을 안고 돌아와 수많은 문학도들의 우상이 되던 때의 표표表表하던 모습. 그런 그 아이를 마음에 간직한 아픔으로 가슴을 태우던 "별"이라는 이름의 소년 …. 그 아이는 또 학교 옆 작은 숲속에 그림처럼 서 있던 빨간 벽돌집 수녀원 기숙사에서 수녀님들과 함께 살고 있었습니다. 가르멜회 수녀님이신 언니 수녀님을 따라 수녀가 되기 위해 서울을 떠나, 수녀원에서 경영하는 이 학교로 왔다는 그 아이는 그런 조건 하나만으로도 우리와는 달랐고, 또 너무나 높고 신비해 보였습니다.

그 무렵 그 아이는 내게 하나의 별이었습니다. 아름답지만 잡을 수도, 도달할 수도 없는 …. 조금은 차갑고, 새침하고, 고고한 모습이라 웬만해선 아무에게나 곁을 주지 않을 것만 같은 그 아이를 우리는 가끔 "서울내기라서 그래"라며 뒤에서 비쭉거리기도 했었는데, 그런 그 아이가 어느 수업 시간, 고운 보랏빛 종이에다 "데레사, 하늘빛이 참 곱다. 창 밖을 한번 보렴!"이라고 쓴 쪽지를 건네주었습니다. 순간, 영원히 잡을 수 없을 것만 같았던 신비한 별빛이 문득 내 가슴에 내려 꽂히는 듯한 충격과 함께 그 아이와 어쩔 수 없는 숙명 같은 우정이 시작되었습니다.

오르지 못해 바라만 보고 있는 내게 그 아이가 내려준 나뭇가지 하나, 나는 그 가지를 붙잡고 쭈뼛쭈뼛 그 아이에게 다

가갔고, 무디고 촌스럽던 지방 소녀였던 나는 그 아이로 인해 조금 씩 때를 벗기 시작했습니다. 고작, 가로로 죽죽 줄이 쳐진 양면 괘지라는 종이나, 가끔은 문학소녀입네 티내느라 벌건 줄 유난히 어지럽던 200자 원고지에다 철필에 잉크 묻혀 편지 쓰던 시절, 그 아이는 쪽지 하나에도 꽃과 별을 그려 넣고 여백에는 예쁜 여러 빛깔의 색연필로 정성스레 색칠까지 하는 섬세한 미감美感으로 나를 감동시켰고, 나는 그 아이의 그런 모든 것 하나하나를 몰래 흉내 내며 곁눈질로 배워갔고, 그러는 동안 조금씩 조금씩 촌티를 벗을 수 있었습니다. 43년 전의 일입니다.

그 아이가 예정대로 졸업 후 수녀원엘 가고, 필리핀에서 영문학을 전공하고, 그곳 대학에서 수석 졸업을 하고, 해인이라는 필명으로 여러 권의 시집을 내고, 서강대학교 대학원에서 종교문학석사가 되고, 한국의 주요 일간지나 잡지에 가장 인기 있는 시인으로 오르내리느라 몸살을 앓고, 지금은 광안리 바닷가 수녀원의 한 공간에 "구름방"이라는 해인 글방을 꾸며놓고 기도하고 글 쓰며 짬짬이 문학 강의도 나가는 영롱한 일상을 엮는 동안, 나는 그 아이의 빛나는 성숙의 계단을 차근차근 지켜보며, 여고의 국어 선생으로, 그 아이를 처음 만났을 때의 우리 또래 소녀들을 가르치면서 "해인아, 몸 관리 좀 해" 어쩌고 하며 나이 지긋한 언니 같은 추임새나 넣고, "옛날 네 예쁘던 모습 생각하고 지금의 너를 보면 속상해 죽겠다"고 푸념 섞인 잔소리만 늘어놓는 별 볼일 없는 친구로

늙어가고 있습니다. 접근이 어려울 정도로 고고하게만 비치던 그 아이가 치맛자락에 흙물이 튀어도 툴툴 털어버릴 만큼의 소탈한 사람이라는 걸 알게 된 후 마음놓고 보내는 내 나름의 사랑법입니다.

한 그루 거목으로 자란 지금까지도 그 아이는 아직도 몽당연필과 앞치마를 아끼고, 가끔은 수녀원 뒷산의 솔방울과 광안리 바닷가의 조가비도 주워 소포로 보내주고, 법정 스님의 근황과 피천득 선생님, 박완서 선생님, 고故 정채봉 선생님 등의 소식도 전해주고, 구순九旬이 넘으신 어머니께서 손수 만드셨다는 치자빛깔 고운 색의 골무도 보내주고, 올해 대학에서 정년을 맞으신 카피라이터 인구 오빠의 정년 퇴임 소식과, 가르멜 큰 언니의 병세가 그만하다가 요즘 좀 안 좋으신 것 같아 걱정이라는 것 그리고 오랜 미국 생활을 접고 귀국한 막냇동생 로사와 조카 계현이가 속히 한국 생활에 적응했으면 좋겠다는 바람과, 각별한 애정으로 품고 사는 쌍둥이 조카 향이와 진이는 여전히 번역과 학문, 가정주부라는 이중 역할을 충실히 잘하고 있다는 가족의 소식도 들려주며 지극히 인간적인 모습으로 그곳에 있습니다. 수녀 냄새, 시인 냄새를 풍기지 않으면서 말입니다.

언뜻 차갑게 보이는 그 아이에게 숨어 있는 따뜻한 열정도 이참에 말해야 할 것 같습니다. 그 아이는 참으로 많은 것을 사랑합니다. 민들레처럼 작은 들꽃을 사랑하고, 소리 맑은 작은 새를 사랑하고, 자신이 몸담고 있는 수도원의 가족과 뜨락

을 사랑하고, 구름을 사랑하고 — 그래서 자신의 수도 본명을
"클라우디아"로 정할 정도로 —, 바다를 사랑하고 — 그래서
자신의 필명을 "海仁"으로 정할 정도로 —, 조그만 포스트 잇
같은 문구文具를 사랑하고, 꽃씨를 사랑하고, 쪽지 쓰기를 좋
아하고, 작은 정에도 뜨거운 감동으로 감격하기를 잘하고, 조
그만 선물하기를 좋아하고 …. 그래서 그 아이의 가방은 늘
산타의 배낭처럼 자잘한 선물들로 가득 차있고, 그가 가방을
열면 순식간에 그곳은 선물의 장場이 되고 맙니다. 세상에 존
재하는 모든 것을 품고 사랑하며, 조그맣고 하찮은 것들도 즉
시 소중한 선물과 가치로 만들 줄 아는 그 아이, 그러면서도
나는 지금껏 그 아이가 한번도 자기 것을 챙기는 것을 본 적
이 없습니다. 그 아이가 무언가를 챙긴다면 그건 반드시 나누
기 위한 준비의 몸짓임을 나는 이제 보지 않아도 훤히 알 수
가 있습니다. 누군가를 만나면 작은 솔방울 하나라도 나누지
않으면 직성이 풀리지 않는 그 아이, 정말 못 말리는 산타입
니다.

  행여라도 누군가가 웬 수도자가 그리 가족을 품고, 이웃을
안고, 하느님 아닌 모든 것을 그리도 챙기며 사느냐는 어리석
은 질문을 한다면 저는 이렇게 대답할 자신이 있습니다. "그
아이에게는 그 모든 것이 하느님의 일부이기 때문이라는 것,
그리고 그것은 수도자가 버려야 할 집착이 아니라, 존재에 대
한 애정이며, 나누기 위해 갖는 진정한 비움의 자세라는 것,
그리고 그것이 수도자의 참 삶의 본질이 아니겠느냐"고 말입

니다. 또한 잠시도 가만 있지 못한 채 고물고물 무언갈 쓰고, 오리고, 만들고, 그리는 그 아이의 바지런함도 그의 열정의 한 모습일 거라 생각합니다. 하찮은 종잇조각 하나도 그 아이의 손을 거치면 빛나는 선물이 되는 신비, 그 아이는 한마디로 "아름다움을 빚는 사람"입니다.

그리고 이제 한번쯤 우쭐거려도 될 법한데 그 아이는 아직도 어른들 앞에서 절절매고 조그만 잘못에도 안절부절못하는 영원한 풋내기 모습으로 우리를 감동시키고 있습니다. 이해인! 그 이름 하나 앞에 순식간에 수많은 팬들(?)이 모여들고, 그의 책을 사러, 그의 목소리를 들으러, 그의 얼굴 한 번 보기 위해 한없이 줄을 서는 이 시대의 시인 수녀 이해인! 그런 거창한 수식어보다도 구순 어머니의 건강을 걱정하고, 외출하고 돌아와 보니 이름을 밝히지 않은 어느 수녀가 "수녀님, 피곤하시죠? 이 꽃 보시고 기운 얻으세요"라는 메모와 함께 수녀원 뒷산에서 꺾어온 작은 들꽃 한 송이를 꽂아 놓아 너무나 감격해서 눈물이 났다는 순백의 고백을 하며 어린아이처럼 기뻐 어쩔 줄 몰라 하고, 이순耳順의 나이에도 꽃시집을 엮어내며 꽃잎처럼 하늘하늘 설레고 있는 영원한 소녀 클라우디아를 나는 마음놓고 자랑하며 다시 한번 "얘, 제발 몸매 관리 좀 해"라는, 그 아이와는 전혀 어울리지 않는 내 나름의 애정 담은 잔소리로 이 글을 맺습니다.

2004년 여름 친구 유 데레사

□악보 하나□

'수녀님의 시 ○○○에 김정식님이 곡을 붙여 주신 것입니다.'
등의 짧은 설명을 좀.. 넣을까 합니다.